W0378181

Erarbeitet von:
Sandra Schicht
Sabine Utheß

deutsch.kombi plus 8

Arbeitsheft
Differenzierende Ausgabe

Ernst Klett Verlag
Stuttgart · Leipzig · Dortmund

Inhalt

Über mich und andere: Recht und Unrecht

Symbole

TIPP Hinweis und Hilfestellung

Bei diesen Aufgaben kannst du die Karten als Hilfe nutzen.

○◒● Anforderungsbereiche (siehe auch Seite 82/83)

Diese Aufgaben löst du in deinem Heft.

Material rw7xu6 Auf den Seiten zum Klassenarbeitstraining findest du deutsch.kombi plus-Codes. Diese führen dich zu Selbsteinschätzungsbögen. Gib dazu den Code in das Suchfeld auf **schueler.klett.de** ein.

Sprechen und Hören

Schreiben

Lesen und Verstehen

RGS Rechtschreibung, Grammatik und Sprachbetrachtung (RGS)/Sprache thematisieren

Wie hilft man richtig?

1 Lies den folgenden Artikel.

Bielefelder Busfahrer rettet Frau vor Messerstecher

Ein mutiger Busfahrer hat einer Frau bei einer Messerattacke in Bielefeld womöglich das Leben gerettet. Wie die Polizei mitteilte, stach der Ehemann der Frau an einer Bushaltestelle auf die 34-Jährige ein. Während der Tat hielt ein Schulbus an der Haltestelle. Ohne Zögern sei der Busfahrer herausgesprungen und habe den Täter von seinem bereits schwer verletzten Opfer weggerissen.

Videoaufnahmen des Schulbusses zeigen laut Polizei, dass das beherzte Einschreiten des Fahrers den 36-jährigen Täter an weiteren Attacken hinderte. „Dieses vorbildliche Verhalten des Busfahrers hat vermutlich Schlimmeres verhindert“, sagte der Leiter der Mordkommission, Markus Mertens. „Trotzdem sollte man sich als Helfer niemals selbst gefährden“, mahnte Mertens. „Sich um das Opfer zu kümmern, Hilfe zu organisieren und später als Zeuge zur Verfügung zu stehen, zeichnet eine aktive Zivilcourage auch aus.“

Nach der Messerattacke vom 13. Mai hatte sich der Täter zunächst in einem Waldgebiet versteckt. Zwei Tage später stellte er sich der Polizei, er sitzt seither wegen versuchten Totschlags und schwerer Körperverletzung in Untersuchungshaft. Die 34-Jährige muss wegen ihrer schweren Verletzungen weiter im Krankenhaus behandelt werden.

2 Fasse den Inhalt des Textes in wenigen Sätzen zusammen.

3 Überlege, weshalb der Busfahrer sich so verhalten hat. Notiere Stichpunkte.

4 Es gibt verschiedene Möglichkeiten, in einer Gefahrensituation Zivilcourage zu zeigen.

a Notiere alle Möglichkeiten, die im Text genannt werden.

 deutsch.kombi plus 8, S. 8/9

b Nenne weitere Möglichkeiten, wie man sich in dieser Situation verhalten könnte, um dem Opfer zu helfen. Notiere Stichpunkte.

5 Lebensmüde oder heldenhaft – wie beurteilst du das Verhalten des Busfahrers? Formuliere deine Meinung.

6 Stell dir vor, du stündest an der Bushaltestelle und würdest den Angriff mitbekommen. Wie würdest du reagieren? Notiere deine Überlegungen.

7 Nach der Messerattacke äußern sich die umstehenden Leute zu dem Vorfall. Je drei Sprechblasen mit der gleichen Farbe gehören zusammen.

- Überlege, welche Sprechblase die Meinung, die Begründung und das Beispiel enthält.
- Bringe die Argumentation in die richtige Reihenfolge.
- Schreibe eine vollständige Argumentation in dein Heft.

Nur durch sein Eingreifen konnte die Frau gerettet werden. Andernfalls wäre für sie jede Hilfe zu spät gekommen.

Der Busfahrer hat in meinen Augen wie ein wahrer Held gehandelt.

Er hat sich nämlich für eine hilflose Person eingesetzt.

Denn er hat sich selbst und die Schulkinder in eine gefährliche Situation gebracht, als er für seine waghalsige Aktion den Bus verlassen hat.

Der Täter hätte beispielsweise auch in den Bus gelangen und die Kinder verletzen können.

Der Busfahrer hat sich unverantwortlich verhalten.

Denn er war unbewaffnet und hat sich in eine Auseinandersetzung mit einem bewaffneten Täter eingemischt.

Der Busfahrer hätte leicht vom Täter angegriffen werden und schwere Verletzungen erleiden können. Dann hätte es zwei Verletzte gegeben.

Ich finde, der Busfahrer hat sich leichtsinnig in Gefahr gebracht.

1 ● **8** **EXTRA** Wie stehst du zum Thema Zivilcourage? Bist du der Meinung, man sollte in jeder Gefahrensituation helfen? Oder gibt es für dich Situationen, in denen du nicht eingreifen würdest? Wenn ja, warum? Formuliere deine Meinung und begründe sie.

1 ● **9** **PLUS** Menschen, die anderen in gefährlichen Situationen zu Hilfe kommen, hören häufig den Vorwurf, sie wollten „den Helden spielen“. Ist ein solcher Vorwurf gerechtfertigt? Formuliere deine Meinung, begründe sie und veranschauliche sie anhand von Beispielsituationen.

 deutsch.kombi plus 8, S. 8/9

Sollte man sich einmischen?

1 Lies den folgenden Text und ergänze dann die fehlenden Kommas.

Wenn man als unbeteiligte Person eine Gefahrensituation wahrnimmt muss man oft in Sekundenschnelle eine Entscheidung treffen. Was kann man sinnvollerweise tun um die Situation zu deeskalieren? Oft bleibt so wenig Zeit dass man auch die Risiken und Gefahren für die eigene Person nicht genau abschätzen kann. Doch gerade ein rasches Handeln ist in bedrohlichen Situationen erforderlich um Schlimmeres zu verhindern. Wie kann man sich intuitiv richtig verhalten ohne dass man sich selbst in große Gefahr bringt? Diese Unsicherheit ist kein guter Ratgeber sondern verstärkt noch die eigene Angst. Oft beurteilt man eine Situation auch falsch denn man hat in einer gefährlichen Situation keinen kühlen Kopf. Sich über das richtige Verhalten in Gefahrensituationen zu informieren kann helfen denn man kann im Notfall auf dieses Wissen zurückgreifen. Doch manchmal muss man sich in einer Situation auch zurückhalten obwohl man lieber helfen möchte. Es gibt auch gute Gründe gegen ein Eingreifen und diese muss man akzeptieren. Sich für andere Menschen stark zu machen erfordert Mut und niemand kann dazu gezwungen werden.

2 Unterstreiche im Text die Hauptsätze rot und die Nebensätze blau.

2 3 **3** Kreise jeweils die Konjunktion ein. Ordne sie in die richtige Spalte in der Tabelle ein.

nebenordnende Konjunktion	unterordnende Konjunktion

2 3 **4** Bilde jeweils einen Satz mit einer nebenordnenden und einer unterordnenden Konjunktion deiner Wahl.

5 Setze die nebenordnenden Konjunktionen passend in die Sätze ein.

und | sondern | oder | denn

a Du musst bei körperlichen Angriffen, Mobbing oder Ungerechtigkeiten eingreifen, ______ du darfst Gewalt und Ungerechtigkeiten nicht akzeptieren.

b Du kannst auf die Täter zugehen ______ sie ernst und sachlich zur Rede stellen.

c Gehe selbst gegen Ungerechtigkeiten vor ______ bitte andere um Hilfe.

d Andere um Hilfe zu bitten, ist kein Zeichen von Schwäche, ______ oft die einzige Lösung, um Konflikte zu beenden.

6 Ergänze die folgenden Sätze sinnvoll mit einem Hauptsatz auf den Kärtchen. Verwende dabei die nebenordnenden Konjunktionen. Setze die Kommas.

| Sie treten sehr selbstbewusst und autoritär auf. | Geht mich die Situation gar nichts an? | ~~Ich will dabei nicht mein Leben riskieren.~~ | Ich weiß jetzt, wie ich mich verhalten würde. |

oder | doch | ~~aber~~ | denn

a Zwar will ich Menschen in bedrohlichen Situationen helfen, *aber ich will dabei nicht mein Leben riskieren.*

b Manche Menschen können Konflikte besser schlichten ______

c Soll ich mich einmischen ______

d Zum Glück habe ich selbst noch keine gefährliche Situation erlebt ______

7 Verbinde die folgenden Sätze mithilfe der angegebenen Konjunktionen zu Satzgefügen. Schreibe die vollständigen Sätze auf. Unterstreiche anschließend die Hauptsätze rot und die Nebensätze blau.

a Die Schülerin Mareike muss sich oft unfaire Bemerkungen ihrer Mitschülerinnen und Mitschüler anhören. – (sodass) Sie geht nur sehr ungern in die Schule.

______

b Ich möchte Mareike helfen. – (weil) Ich finde das Verhalten der anderen ungerecht.

______

 deutsch.kombi plus 8, S. 20/21

c Mareike meidet in den Pausen oft die anderen Kinder der Klasse. – (damit) Sie wird nicht schikaniert.

d Meine Freunde und ich versuchen sie vor den Attacken der anderen zu schützen. – (indem) Wir verbringen die Pausen mit ihr zusammen.

e Wir verteidigen sie und nehmen sie in Schutz. – (wenn) Sie wird erneut von anderen beleidigt.

4 5 **8** Verbinde die folgenden Sätze zu einem Satz mit Apposition, die eine zusätzliche Information ergibt.

a Zwei Frauen leisten erste Hilfe. Es waren eine junge und eine ältere Frau.

b Das Auto war vorne ganz verbeult. Es war ein blauer Kombi.

c Ein zweites Auto wurde ebenfalls beschädigt. Das Auto stand auf dem Parkstreifen.

d Die anderen Zeugen haben die Polizei gerufen. Es waren fünf Jugendliche im Alter von 15 Jahren.

e Einige Leute haben mit ihrem Handy gefilmt. Sie saßen im Café nebenan.

f Der Unfall geschah am Freitag im Feierabendverkehr. Es war der 3. Mai 2021.

g Am 1. Juni war die Gerichtsverhandlung. Es war ein Montag.

Klimawandel auf dem Teller

Die Klasse 8a diskutiert den Fleischkonsum in der Schulmensa und will ihn reduzieren. Ihr Vorschlag: Fleischgerichte nur noch an zwei Tagen! Und dann in Bio-Qualität. Dadurch würde sich das Schulessen um etwa 2,50 Euro pro Woche verteuern.

○ **1** Sieh dir das Plakat der Klasse an, mit dem sie in der Schule für ihren Vorschlag wirbt. Lies die Argumente.

Esst weniger Fleisch!!!

Für Tiere, Klima und Gesundheit

Damit unterstützt ihr

- weniger und bessere Viehzucht
- bald unnötige oder sogar verbotene Massentierhaltung
- einen geringeren CO_2-Ausstoß und eine bessere Klimabilanz
- den Schutz von Acker- und Weideflächen
- den nur noch eingeschränkten Einsatz von Chemikalien in der Landwirtschaft

Deshalb in unserer Mensa nur an zwei Tagen Fleisch!

Auf der nächsten SV-Sitzung soll über unseren Vorschlag diskutiert und abgestimmt werden. Wir interessieren uns für eure Meinung. Schreibt uns! Auch, was ihr kritisch seht, was noch diskutiert werden sollte und was ihr vorschlagt zu tun.

Helft, unsere Idee umzusetzen!

Weitere Informationen findet ihr auf unserer Homepage!

2 Überlege, ob deine Klasse diesem Vorschlag zustimmen würde. Begründe deine Einschätzung.

Ich könnte mir vorstellen, dass ...

3 Wähle ein Argument von dem Plakat aus, das dich überzeugt. Formuliere ausführlich und erläutere es.

Ich bin für den Vorschlag der 8a, um ...

4 Welches Argument auf dem Plakat ist für dich am wichtigsten? Schreibe eine 1 davor und nummeriere die anderen Argumente nach ihrer Wichtigkeit für dich.

5 Der Vorschlag der Klasse 8a trifft auch auf Widerstand. Lies die Gegenargumente und formuliere sie aus. Ergänze, wenn möglich, ein Beispiel, z. B. *Ich bin gegen den Vorschlag, dass es in der Mensa nur noch zweimal pro Woche Fleisch geben soll, weil ich mir die höheren Kosten für das Schulessen nicht leisten kann.*

höhere Kosten für das Schulessen	Bauern sind von Fleischproduktion abhängig	Linsen und Erbsen als Fleischalternativen schmecken mir nicht	geringere Auswahl an Gerichten in der Mensa

6 Prüfe die Argumente beider Seiten. Welches ist deiner Meinung nach das stärkste Argument **für** den Vorschlag (siehe Plakat), welches das stärkste **dagegen** (siehe Aufgabe 5)? Erläutere die Argumente.

*Das stärkste Argument **für** den Vorschlag ist ...*

*Das stärkste Argument **gegen** den Vorschlag ist ...*

7 Entscheide dich für oder gegen den Vorschlag und formuliere deinen Standpunkt. Begründe ihn. Du kannst auch die Bedingungen nennen, unter denen du dafür oder dagegen wärst, z. B. *Ich wäre dafür, wenn gesichert wäre, dass ... Ich wäre dagegen, wenn das Vorhaben dazu führen würde, dass ...*

8 Überlege auch, was erst geklärt werden müsste, bevor du dem Vorschlag zustimmen oder ihn ablehnen könntest. Du kannst so beginnen: *Man müsste natürlich noch wissen, ob ... Mir ist noch unklar, ...*

 deutsch.kombi plus 8, S. 33/34

9 Schreibe nun eine lineare Erörterung und stelle deinen Standpunkt zum Vorschlag der 8a dar. Gehe so vor:
- Lies noch einmal deine Notizen zu den Aufgaben 3–8.
- Notiere in der **Einleitung** kurz, worum es geht, die Problemfrage und deinen Standpunkt.
- Sortiere und formuliere im **Hauptteil** deine Argumente und stütze sie mit Beispielen.
- Fasse zum **Schluss** zusammen und formuliere einen Wunsch, eine Forderung oder Ähnliches.

Du kannst folgende Formulierungshilfen nutzen:

1. Seine Meinung ausdrücken

Ich bin der (festen) Meinung/Auffassung, dass ... | Ich halte es für richtig/wesentlich, dass ... | Ich behaupte ... | Ich vertrete den Standpunkt, dass ... | Meines Erachtens/meiner Überzeugung ...

2. Seine Meinung begründen

weil/da | deshalb | Daraus ergibt sich ... | daher | folglich | Eine Begründung dafür lautet: ... | Dies lässt sich mit dem Argument untermauern, dass ... | Das zeigt sich nicht zuletzt darin, dass ...

3. Seine Argumente verknüpfen

Man muss außerdem sehen, dass ... | Hinzu kommt (noch) ... | Zusätzlich ist zu berücksichtigen, dass ... | abgesehen von ..., ist auch ... | nicht nur..., sondern auch, ... | weiterhin | zudem ...

4. Gegenargumente anführen und entkräften

aber | trotzdem | Dem ist entgegenzuhalten, dass ... | Allerdings muss man auch berücksichtigen, dass ... | Dabei sollte nicht vergessen werden, dass ... | einerseits ..., aber andererseits ... | Ich gebe zu bedenken, dass ...

10 EXTRA Du sollst den Antrag der 8a an die Schulkonferenz formulieren. Erläutere dazu die Vorschläge auf dem Plakat, begründe sie und ergänze falls nötig. Erwähne auch, wie ihr mit den höheren Kosten umgehen wollt. Du kannst so beginnen:

Nicht täglich Fleisch und nur noch Bio-Lebensmittel in unserer Mensa!

Wir beantragen, dass es nach den Ferien in unserer Mensa ...

11 PLUS Die 8a wendet sich mit dem Vorschlag auch an die Elternvertretung. Formuliere eine E-Mail, in der du eure Pläne erläuterst und um Unterstützung bei der Finanzierung der Mehrkosten bittest.

Fehlerfinder

8 **1** Lies den folgenden Text zum Thema „Fleischverzehr und Klimabilanz“. Er enthält einige Fehler. Unterstreiche mit einem Rotstift alles, was dir auffällt. Am Seitenrand kannst du korrigierte Formen ergänzen oder Notizen machen.

Fleischverzehr und Klimabilanz

Der Konsum von Fleisch hat Auswirkungen auf das Klima. Dazu gehören zum Beispiel die Umwantlung zu Ackerland von graslandschaften und Wäldern. Durch den Abau von Humus, der CO_2 bindet, wurde sehr viel CO_2 freigesezt. Außerdem stoßen einige Tiere klimaschedliche Gase aus – das betrift die Wiederkeuer Rind, Schaf und Ziege. Ein Rind gibt 200 liter Methan täglich an die Atmosphäre ab. Es ist damit in etwa so klimaschädlich wie ein Kleinwagen, der im jahr 18 000 Kilometer gefahren wird. Das Rind hat im vergleich zum Schwein beim CO_2-Austoß eine dreimal schlechtere klimabilanz. Das liegt auch daran, dass Rinder viel kraftfutter bekommen. Fleisch aus Weidehaltung hingegen kann annehernd klimaneutral erzeugt werden: Weideflächen zum grasen bindet wiederum Klimagase.

Zur Entstehung von Treibhaugasen hat ebenfalls die Verwendung von Dünger beigetragen. Dünger ist für mehr als ein drittel der Treibhausgase, die aus der Tierhaltung stammen, veranwortlich.

8 **2** Sieh dir die neun Wörter an, bei denen Fehler hinsichtlich der Großschreibung passiert sind. Überlege, welche Signale darauf hinweisen, dass es sich um Substantive handelt. Trage sie in richtiger Schreibweise in die folgende Tabelle ein und kreuze das jeweils zutreffende Substantivsignal an.

	Artikel	Adjektiv, Zahlwort	Substantiv-endung, z. B. -schaft, -heit, -ung	Präpo-sition	Wörter wie alles, nichts, wenig, viel
Graslandschaften	☐	☐	☒	☐	☐
	☐	☐	☐	☐	☐
	☐	☐	☐	☐	☐
	☐	☐	☐	☐	☐
	☐	☐	☐	☐	☐
	☐	☐	☐	☐	☐
	☐	☐	☐	☐	☐
	☐	☐	☐	☐	☐
	☐	☐	☐	☐	☐

8 **3** Weitere neun Fehler sind bei Doppelkonsonanten, ä/e, äu/eu sowie g/k, b/p, d/t aufgetreten. Schreibe die jeweiligen Wörter in richtiger Schreibweise in die Tabelle und kreuze die Strategie an, die dir geholfen hat.

	Mitsprechen	Ableiten und Verlängern
Umwandlung	☒	☐
	☐	☐
	☐	☐
	☐	☐
	☐	☐
	☐	☐
	☐	☐
	☐	☐
	☐	☐

8 **4** Auch vier Zeitformen und grammatische Endungen im Text sind fehlerhaft. Schreibe sie auf und berichtige sie.

8 **5** Schreibe nun den Text vollständig korrigiert auf.

Die drei dunklen Könige

1 Lies die Kurzgeschichte „Die drei dunklen Könige“ von Wolfgang Borchert.

Wolfgang Borchert

Die drei dunklen Könige (1946)

Er tappte durch die dunkle Vorstadt. Die Häuser standen abgebrochen gegen den Himmel. Der Mond fehlte und das Pflaster war erschrocken über den späten Schritt. Dann fand er eine alte Planke. Da trat er mit dem Fuß gegen, bis eine Latte morsch aufseufzte und losbrach. Das Holz roch mürbe und süß. Durch die dunkle Vorstadt tappte er zurück. Sterne waren nicht da.

Als er die Tür aufmachte (sie weinte dabei, die Tür), sahen ihm die blassblauen Augen seiner Frau entgegen. Sie kamen aus einem müden Gesicht. Ihr Atem hing weiß im Zimmer, so kalt war es. Er beugte sein knochiges Knie und brach das Holz. Das Holz seufzte. Dann roch es mürbe und süß ringsum. Er hielt sich ein Stück davon unter die Nase. Riecht beinahe wie Kuchen, lachte er leise. Nicht, sagten die Augen der Frau, nicht lachen. Er schläft.

Der Mann legte das süße, mürbe Holz in den kleinen Blechofen. Da glomm es auf und warf eine Handvoll warmes Licht durch das Zimmer. Die fiel hell auf ein winziges rundes Gesicht und blieb einen Augenblick. Das Gesicht war erst eine Stunde alt, aber es hatte schon alles, was dazugehört: Ohren, Nase, Mund und Augen. Die Augen mussten groß sein, das konnte man sehen, obgleich sie zu waren. Aber der Mund war offen und es pustete leise daraus. Nase und Ohren waren rot. Er lebt, dachte die Mutter. Und das kleine Gesicht schlief.

Da sind noch Haferflocken, sagte der Mann. Ja, antwortete die Frau, das ist gut. Es ist kalt. Der Mann nahm noch von dem süßen, weichen Holz. Nun hat sie ihr Kind gekriegt und muss frieren, dachte er. Aber er hatte keinen, dem er dafür die Fäuste ins Gesicht schlagen konnte. Als er die Ofentür aufmachte, fiel wieder eine Handvoll Licht über das schlafende Gesicht. Die Frau sagte leise: Kuck, wie ein Heiligenschein, siehst du? Heiligenschein! dachte er, und er hatte keinen, dem er die Fäuste ins Gesicht schlagen konnte.

Dann waren welche an der Tür. Wir sahen das Licht, sagten sie, vom Fenster. Wir wollen uns zehn Minuten hinsetzen. Aber wir haben ein Kind, sagte der Mann zu ihnen. Da sagten

deutsch.kombi plus 8, S. 50–55

sie nichts weiter, aber sie kamen doch ins Zimmer, stießen Nebel aus den Nasen und hoben die Füße hoch. Wir sind ganz leise, flüsterten sie und hoben die Füße hoch. Dann fiel das Licht auf sie.
Drei waren es. In drei alten Uniformen. Einer hatte einen Pappkarton, einer einen Sack. Und der dritte hatte keine Hände. Erfroren, sagte er, und hielt die Stümpfe hoch. Dann drehte er dem Mann die Manteltasche hin. Tabak war drin und dünnes Papier. Sie drehten Zigaretten. Aber die Frau sagte: Nicht, das Kind.
Da gingen die vier vor die Tür und ihre Zigaretten waren vier Punkte in der Nacht. Der eine hatte dicke umwickelte Füße. Er nahm ein Stück Holz aus einem Sack. Ein Esel, sagte er, ich habe sieben Monate daran geschnitzt. Für das Kind. Das sagte er und gab es dem Mann. Was ist mit den Füßen?, fragte der Mann. Wasser, sagte der Eselschnitzer, vom Hunger. Und der andere, der dritte?, fragte der Mann und befühlte im Dunkeln den Esel. Der dritte zitterte in seiner Uniform: Oh, nichts, wisperte er, das sind nur die Nerven. Man hat eben zu viel Angst gehabt. Dann traten sie die Zigaretten aus und gingen wieder hinein.
Sie hoben die Füße hoch und sahen auf das kleine, schlafende Gesicht. Der Zitternde nahm aus seinem Pappkarton zwei gelbe Bonbons und sagte dazu: Für die Frau sind die.
Die Frau machte die blassen blauen Augen weit auf, als sie die drei Dunklen über das Kind gebeugt sah. Sie fürchtete sich. Aber da stemmte das Kind seine Beine gegen ihre Brust und schrie so kräftig, dass die drei Dunklen die Füße aufhoben und zur Tür schlichen. Hier nickten sie nochmal, dann stiegen sie in die Nacht hinein.
Der Mann sah ihnen nach. Sonderbare Heilige, sagte er zu seiner Frau. Dann machte er die Türe zu. Schöne Heilige sind das, brummte er und sah nach den Haferflocken. Aber er hatte kein Gesicht für seine Fäuste. Aber das Kind hat geschrien, flüsterte die Frau, ganz stark hat es geschrien. Da sind sie gegangen. Kuck mal, wie lebendig es ist, sagte sie stolz. Das Gesicht machte den Mund auf und schrie. Weint er? fragte der Mann. Nein, ich glaube, er lacht, antwortete die Frau.
Beinahe wie Kuchen, sagte der Mann und roch an dem Holz, wie Kuchen. Ganz süß.
Heute ist ja auch Weihnachten, sagte die Frau.
Ja, Weihnachten, brummte er und vom Ofen her fiel eine Handvoll Licht auf das kleine schlafende Gesicht.

2 Kreuze an, welche Aussagen zum Inhalt der Kurzgeschichte richtig und welche falsch sind.

	Aussagen über den Inhalt des Textes „Die drei dunklen Könige“	richtig	falsch
a	Es wird am Anfang von einem Mann erzählt, der spät am Abend mit Feuerholz nach Hause geht.	☐	☐
b	Zu Hause warten Frau und Kind in der warmen Stube auf ihn.	☐	☐
c	Dann tauchen plötzlich drei Gestalten in Uniformen auf, nachdem sie das Licht gesehen haben.	☐	☐
d	Sie erzählen der Familie von Kriegserlebnissen.	☐	☐
e	Jeder der drei Männer gibt der Familie ein besonderes „Geschenk“.	☐	☐
f	Als die drei wieder weg sind, bemerkt der Mann, dass sie die Haferflocken mitgenommen haben.	☐	☐

3 Formuliere drei W-Fragen an den Text. Notiere dann die Antworten und gib Textbelege an.

4 Lies noch einmal den Anfang der Kurzgeschichte (Zeilen 1–5). Was erfährst du, was erfährst du nicht? Wie wirkt die Szene dadurch auf dich? Schreibe deine Meinung und notiere Textstellen.

5 Die Geschichte spielt in der Nachkriegszeit. Belege dies mithilfe von Textstellen, z.B. zu Orten, zur Lebenssituation der Familie, zu den drei nächtlichen Besuchern.

6 Prüfe, ob es sich bei Wolfgang Borcherts Text um eine Kurzgeschichte handelt. Beantworte dazu die folgenden Fragen. Begründe oder belege mit Textstellen.

a Wird eine außergewöhnliche Situation geschildert?

b Hat die Geschichte einen unvermittelten Anfang?

c Hat die Geschichte ein offenes Ende?

 deutsch.kombi plus 8, S. 50–55

d Kommen in der Geschichte nur wenige Figuren vor?

e Werden in der Geschichte Inhalte des Alltags dargestellt?

f Nimmt die Geschichte eine überraschende Wendung?

g Ist die Sprache der Geschichte knapp und einfach gehalten?

7 Warum hat Borchert seiner Kurzgeschichte den Titel „Die drei dunklen Könige" gegeben? Stelle Vermutungen an und notiere sie.

9 **8** Bereite eine Textanalyse zu dieser Kurzgeschichte vor. Mache dir für den Hauptteil Notizen zu folgenden Punkten:
- Zusammenfassung des Inhalts
- Erzählform, Darstellungsform, Zeitgestaltung
- Charakterisierung der Figuren und ihr Verhältnis
- sprachliche Besonderheiten
- Nachweis der Kurzgeschichtenmerkmale

9 **9** **EXTRA** Schreibe eine vollständige Textanalyse zu Borcherts Kurzgeschichte. Nutze deine Notizen aus Aufgabe 8. So kannst du beginnen:
Wolfgang Borchert thematisiert in seiner 1946 entstandenen Kurzgeschichte „Die drei dunklen Könige" die Situation der Menschen in der unmittelbaren Nachkriegszeit. Zu Beginn …

10 **PLUS** In der Kurzgeschichte tauchen einige Ausdrücke und Dinge immer wieder auf. Wähle aus a–d aus und stelle Vermutungen an, was damit gemeint sein könnte bzw. wofür der Gegenstand steht. Lies dazu noch einmal den Text und markiere die Stellen, an denen der Ausdruck/der Gegenstand vorkommt.

a Der Mann möchte mit seinen Fäusten in ein Gesicht schlagen.

b Holz, das mürbe und süß riecht

c wenige Haferflocken

d die Rolle des Lichts im Verlauf der Geschichte

 deutsch.kombi plus 8, S. 50–55

Wer, wie, was?

1 Finde das Subjekt in jedem Satz, indem du mit „Wer oder was?“ danach fragst. Unterstreiche die Subjekte gelb.

a Wolfgang Borchert wurde 1921 in Hamburg geboren.

b Er hat bis Mitte des zwanzigsten Jahrhunderts gelebt.

c Während des Krieges wurde er verwundet.

d Bekannt wurde er durch das Drama „Draußen vor der Tür“.

e Überliefert sind von ihm aber auch zahlreiche Kurzgeschichten und Gedichte.

10 **2** Untersuche die Sätze und finde die Prädikate. Frage „Was macht das Subjekt?“ Unterstreiche die Prädikate blau und zeichne die Satzklammer ein, z. B.

Wolfgang Borchert wurde 1921 in Hamburg geboren.

3 Schreibe einen Satz aus Aufgabe 1 ab und führe die Umstellprobe schriftlich durch. Setze zwischen die Satzglieder senkrechte Striche, z. B.

Wolfgang Borchert | wurde | 1921 | in Hamburg | geboren.
In Hamburg | wurde | Wolfgang Borchert | 1921 | geboren.
1921 | wurde | Wolfgang Borchert | in Hamburg | geboren.
Geboren | wurde | Wolfgang Borchert | 1921 | in Hamburg.

10 11 **4** Bestimme in den folgenden Sätzen die Satzglieder und schreibe sie darunter, z. B.

a Borchert schrieb mit 15 Jahren seine ersten Gedichte.

Subjekt – Prädikat – Adverbialbestimmung – Akkusativobjekt

b Nach dem Besuch einer Hamletaufführung beschloss er Schauspieler zu werden.

c Er begann nach der Schule eine Schauspielausbildung.

d Im Krieg litt Borchert unter den Umständen an der Front.

 deutsch.kombi plus 8, S. 70–73

5 Lies den folgenden Auszug aus der Kurzgeschichte und unterstreiche die Adverbialbestimmungen (Ort, Zeit, Art und Weise) mit unterschiedlichen Farben. Schreibe darüber, um welche es sich handelt.

[…] Der Mann legte das süße, mürbe Holz in den kleinen Blechofen (*Ort*). Da glomm es auf und warf eine Handvoll warmes Licht durch das Zimmer. Die fiel hell auf ein winziges rundes Gesicht und blieb einen Augenblick. Das Gesicht war erst eine Stunde alt, aber es hatte schon alles, was dazugehört: Ohren, Nase, Mund und Augen. Die Augen mussten groß sein, das konnte man sehen, obgleich sie zu waren. Aber der Mund war offen und es pustete leise daraus. Nase und Ohren waren rot. Er lebt, dachte die Mutter. Und das kleine Gesicht schlief. […]

11 **6** Lies auch diesen Auszug aus der Kurzgeschichte und unterstreiche die Objekte. Bestimme, ob es sich um ein Akkusativ-, ein Dativ- oder ein Präpositionalobjekt handelt, und schreibe es darüber.

[…] Da sind noch Haferflocken, sagte der Mann. Ja, antwortete die Frau, das ist gut. Es ist kalt. Der Mann nahm noch von dem süßen, weichen Holz. Nun hat sie ihr Kind (*Akkusativobjekt*) gekriegt und muss frieren, dachte er. Aber er hatte keinen, dem er dafür die Fäuste ins Gesicht schlagen konnte. Als er die Ofentür aufmachte, fiel wieder eine Handvoll Licht über das schlafende Gesicht. Die Frau sagte leise: Kuck, wie ein Heiligenschein, siehst du? Heiligenschein! dachte er, und er hatte keinen, dem er die Fäuste ins Gesicht schlagen konnte. […]

Wie soll ich sie bloß beschreiben?

1 Lies den folgenden Textausschnitt aus „Tschick“.

Auf dem Gymnasium habe ich dann erst mal niemanden kennengelernt. Ich bin nicht wahnsinnig gut im Kennenlernen. Und das war auch nie das ganze Problem für mich. Bis Tatjana Cosic kam. [...] Und ich sollte jetzt wahrscheinlich langsam mal anfangen, Tatjana zu beschreiben. Weil sonst alles, was danach kommt, unverständlich ist.

Tatjana heißt mit Vornamen Tatjana und mit Nachnamen Cosic. Sie ist vierzehn Jahre alt und 1,65 m groß, und ihre Eltern heißen mit Nachnamen ebenfalls Cosic. Wie sie mit Vornamen heißen, weiß ich nicht. Sie kommen aus Serbien oder Kroatien, jedenfalls kommt der Name daher, und sie wohnen in einem weißen Mietshaus mit vielen Fenstern – badabim, badabong. Schon klar: Ich kann hier noch lange rumschwafeln, aber das Erstaunliche ist, dass ich überhaupt nicht weiß, wovon ich rede. Ich kenne Tatjana nämlich überhaupt nicht. Ich weiß über sie, was jeder weiß, der mit ihr in eine Klasse geht. Ich weiß, wie sie aussieht, wie sie heißt und dass sie gut in Sport und Englisch ist. Und so weiter. Dass sie 1,65 groß ist, weiß ich vom Tag der Schuluntersuchung. Wo sie wohnt, weiß ich aus dem Telefonbuch, und mehr weiß ich praktisch nicht. Und ich könnte logisch noch ihr Aussehen ganz genau beschreiben und ihre Stimme und ihre Haare und alles. Aber ich glaube, das ist überflüssig. Weil, kann sich ja jeder vorstellen, wie sie aussieht: Sie sieht super aus. Ihre Stimme ist auch super. Sie ist einfach insgesamt super. So kann man sich das vorstellen.

2 Was erfährst du über Maiks Klassenkameradin? Ergänze die Angaben in der Tabelle.

Vorname	
Name	
Alter	
Größe	
Elternhaus	
Wohnort	
Lieblingsfächer	

3 Auf welche Eigenschaften Tatjanas könnte man durch Maiks Beschreibung schließen? Begründe deine Vermutungen.

4 EXTRA Lies die folgenden drei Textstellen und begründe, welche Eigenschaften sich aus dem Verhalten schließen lassen.

Mitten in den Sommerferien hatte Tatjana Geburtstag, und da sollte eine Riesenparty stattfinden. Tatjana hatte das schon lange vorher angekündigt. [...] Sie hatte bei ihren besten Freundinnen rumgefragt, weil sie sicher sein wollte, dass die auch da sein würden, [...]

Wie sich später rausstellte, waren Kellenbach und ich nicht die Einzigen ohne Einladung. Der Nazi hatte auch keine, Tschichatow nicht, und dann noch ein oder zwei. Logisch. Die größten Langweiler und Asis waren nicht eingeladen, Russen, Nazis und Idioten. Und ich musste nicht lange überlegen, was ich in Tatjanas Augen wahrscheinlich war. Weil ich war ja weder Russe noch Nazi.

Ich wartete einen Moment, faltete den Zettel auseinander und las. [...] Da stand: *Mein Gott, was ist denn mit dir passiert?!? Tatjana* [...] Aber ich war mir ziemlich sicher, dass sie's so genau nicht wissen wollte. Dass das Ganze vermutlich eher so eine Art Höflichkeitsanfrage war, [...] dann raffte ich mich endlich auf und schrieb *Ach, nichts Besonderes* auf den Zettel und schickte ihn zurück. Ich guckte nicht hin wie Tatjana ihn las, aber dreißig Sekunden später war der Zettel wieder da. Diesmal waren es nur sieben Worte: *Jetzt sag schon! Es interessiert mich wirklich.*

5 PLUS Erstelle eine Figurencharakteristik zu Tatjana. Nutze deine Ergebnisse aus den Aufgaben 2 bis 4.

Das Mädchen stank entsetzlich

○ **1** Lies die folgenden Textausschnitte aus „Tschick“.

Maik und Tschick begegnen auf einer Müllkippe einem gleichaltrigen Mädchen.

Auch das verdreckte Mädchen kletterte einmal wie ein kleines, schnelles Tier an mir vorbei, ohne mich anzusehen. Sie lief barfuß, ihre Beine waren schwarz bis zum Knie. Darüber trug sie eine hochgekrempelte Army-Hose und ein versifftes T-Shirt. Sie hatte schmale Augen, wulstige Lippen und eine platte Nase. Und ihre Haare sahen aus, als wäre beim Schneiden die Maschine kaputtgegangen. Ich sprach sie lieber gar nicht erst an. Unterm Arm hielt sie eine Holzkiste, und ich war mir nicht sicher, ob sie die hier gefunden hatte oder ob sie darin etwas aufbewahrte oder was sie überhaupt hier suchte. [...]

Komischerweise fluchte sie nicht, sondern setzte nur ein genervtes Gesicht auf. Sie sagte: „Ich hab euch den Scheiß gezeigt, jetzt könnt ihr mir auch sagen, wozu ihr das braucht.“ [...] „Wir haben ein Auto geklaut“, sagte Tschick. „Und jetzt müssen wir noch Benzin klauen.“ Er blies durch einen riesigen Schlauch durch und sah dabei das Mädchen an. Sie bombardierte ihn mit noch ungefähr hundert Schimpfwörtern. „War ja klar, ihr Oberspastis. Wenn ich euch den Scheiß schon zeig. Aber typisch. Macht doch, was ihr wollt.“ Sie wischte sich mit dem Ärmel über das ganze Gesicht und setzte sich dann mit ihrer Holzkiste auf einen Treckerreifen. [...] Aber dann kam sie uns auf einmal hinterhergelaufen. Und irgendwie hatte ich gleich ein komisches Gefühl bei der Sache, als ich sie sah, wie sie uns hinterherlief. Normalerweise können Mädchen ja nicht laufen, oder nur so schlenkrig. Aber die konnte laufen. Und sie lief mit ihrer Holzkiste im Arm, als ginge es um Leben und Tod. Ich hatte nicht direkt Angst vor ihr, wie sie da auf uns zuschoss. Aber ein bisschen unheimlich war sie mir schon. [...]

Das Mädchen stank entsetzlich. Auf der Müllkippe hatte man das nicht so gerochen, weil die ganze Müllkippe roch. Aber es war ein Riesengestank, der von ihr ausging. Ein Comiczeichner hätte Fliegen um ihren Kopf schwirren lassen. Und dazu redete sie pausenlos. [...] Stattdessen redete sie davon, dass sie später mal beim Fernsehen arbeiten wollte. Ihr Traum wäre es, eine Quizsendung zu moderieren, „weil man da gut aussieht und irgendwas mit Worten macht“. Sie hätte eine Cousine, die das machen würde [...]

Außerdem versuchte sie rauszukriegen, wo wir eigentlich hinwollten, aber weil sie uns nicht sagen konnte, wo sie hinwollte, sagten wir ihr auch nur, dass wir ungefähr in den Süden führen, und dann fiel ihr ein, dass sie eine Halbschwester in Prag hätte, die sie dringend besuchen müsste. [...]

Wir versuchten an diesem Abend noch mehrfach rauszukriegen, wo sie denn eigentlich herkam und wo sie wirklich hinwollte, aber alles, was sie erzählte, waren wilde Geschichten. Sie wollte ums Verrecken nicht sagen, was sie auf der Müllkippe gemacht hatte oder was in der Holzkiste drin war, die sie mit sich rumschleppte. Das Einzige, was sie verriet, war, dass sie Schmidt hieß. Isa Schmidt. Das war jedenfalls das Einzige, was wir ihr glaubten.

12 **2** Untersuche die erzählerische Gestaltung der Textausschnitte und kreuze die richtigen Aussagen an.

a Das Geschehen …

- ☐ wird dem Leser durch die Redewiedergabe ohne sichtbaren Erzähler unvermittelt vor Augen geführt.
- ☐ wird von einer Figur, die am Geschehen beteiligt ist, berichtet.

b Der Erzähler ist …

☐ Maik Klingenberg ☐ Andrej Tschichatschow ☐ keine der Figuren

c Die Erzählperspektive ist …

☐ die Außensicht ☐ die Innensicht ☐ beides

d Die Erzählform ist …

☐ 1. Person Singular ☐ 2. Person Singular ☐ 3. Person Singular

e Der Erzähler hat …

- ☐ einen Überblick über das gesamte Geschehen und über das Innere der meisten Figuren.
- ☐ einen Überblick über die Sicht und das Innere nur einer Figur.

f Die Erzählhaltung ist …

☐ sachlich, trocken ☐ ironisch, humorvoll ☐ flippig, beschönigend

g Die Rede- und Gedankenwiedergabe geschieht

☐ beschreibend ☐ direkt durch wörtliche Rede

12 **3** Ordne die richtigen Angaben zur sprachlichen Gestaltung der Textausschnitte zu.

komplexer Satzbau | vorwiegend einfacher Satzbau | Hochsprache | Umgangssprache | Jugendsprache | monotone Wortwahl | anschauliche Adjektive | abwechslungsreiche Wortwahl | Metaphern | Schimpfwörter | Übertreibungen

Wortwahl: ______________________________

Satzbau: ______________________________

Sprachebene: ______________________________

sprachliche Besonderheiten: ______________________________

4 EXTRA Ergänze die Mindmap für die Figur der Isa.

5 Lies den folgenden Textausschnitt.

„Wir gehen jetzt allein weiter“, sagte Tschick, als wir wieder auf dem Weg standen. „Wieso?“ „Wir müssen nach Hause.“ „Da komm ich mit. Das ist auch meine Richtung“, sagte das Mädchen und Tschick sagte: „Das ist überhaupt nicht deine Richtung.“ Er erklärte ihr ungefähr fünfhundert Mal, dass wir sie nicht dabeihaben wollten, aber sie zuckte nur die Schultern und lief uns hinterher, und schließlich baute Tschick sich vor ihr auf und sagte: „Ist dir eigentlich klar, dass du stinkst? Du stinkst wie ein Haufen Scheiße. Jetzt hau ab.“ Beim Weitergehen hatte ich ein paarmal den Eindruck, dass sie uns immer noch folgte. Aber sie schien langsamer zu werden, und bald konnten wir sie nicht mehr entdecken.

13 **6** PLUS Was mag nun in Isa vorgehen? Versetze dich in die Figur der Isa und verfasse einen inneren Monolog. Schreibe in der Ich-Form und beachte die folgenden Aspekte:

Gedanken und Gefühle | Fragen | Nachdenken über Konflikte

Handlungsalternativen | kritische Auseinandersetzung mit dem eigenen Verhalten

Groß oder klein?

14 **1** Bilde zu den Verben und Adjektiven entsprechende Substantive. Verwende dazu die Suffixe (Nachsilben) -heit, -keit, -ung, -schafft, -nis, -tum. Schreibe auch den Artikel dazu.

retten → *die Rettung*	feige →
üben →	geheim →
tapfer →	abhängig →
unsicher →	bereit →
ereignen →	gesund →
wagen →	krank →
beziehen →	erinnern →
rein →	brauchen →
erkennen →	schließen →

14 **2** Kombiniere die Wörter in den Kästen so, dass die Adjektive zu Substantiven werden.

gut, neu, schön, interessant, besser, wissenswert, essbar, geheimnisvoll	alles, etwas, nichts, viel, alles, wenig

alles Gute, nichts

14 **3** Kombiniere die Wörter in den Kästen so, dass die Verben zu Substantiven werden.

lesen, schlafen, mitnehmen, rechnen, sitzen, liegen, singen, träumen	beim, im, zum, am, ins

beim Lesen, im

14 **4** Wandle wie im Beispiel um.

laut lachen → *das laute Lachen* ____ deutlich sprechen → ____

geduldig warten → ____ schnell laufen → ____

elegant reiten → ____ konsequent handeln → ____

langsam gehen → ____ korrekt rechnen → ____

14 **5** Setze jeweils die richtigen Groß- oder Kleinbuchstaben in die Lücken ein und markiere den entsprechenden Buchstaben in den hinteren beiden Spalten. Stimmt deine Lösung, ergibt sich ein Merksatz aus dem Geografieunterricht.

	groß	klein
___chwäbische Alb	N	W
___chwäbische Küche	O	I
___ndischer Tee	R	E
___ndischer Ozean	O	D
___riechischer Salat	E	H
___chweizer Berge	N	U
___hinesische Seide	N	E
___amburger Hafen	S	D
___iener Schnitzel	E	W
___ranzösische Revolution	I	E

	groß	klein
___ranzösische Sprache	S	F
___olländischer Gouda	T	E
___olländisches Königshaus	E	W
___panischer Wein	N	A
___anarische Inseln	S	O
___damer Käse	C	S
___ränkische Delikatessen	T	H
___schaffenburger Altstadt	E	U
___ayerische Alpen	N	T

Lösung:

___ ___ ___   ___ ___ ___ ___   ___ ___ ___ ___ ___   ___ ___ ___ ___ ___ ___ ___ !

14 **6** Bilde Eigennamen. Schreibe sie mit dem bestimmten Artikel auf.

Dresden | Schwarzwald | Wien | München | Bremen | China

Mauer ____

Schnitzel ____

Stadtmusikanten ____

Hofbräuhaus

Stollen

Kirschtorte

14 **7** Ordne dem Adjektiv ein Substantiv so zu, dass ein Eigenname entsteht.

deutsch: Bundestag, Fernsehen *der Deutsche Bundestag*

alt: Testament, Bild

still: Moment, Ozean

groß: Bär, Raum

14 **8** Schreibe alle Wörter in der richtigen Groß- und Kleinschreibung auf.

das RUSSISCHE BALLETT, RUSSISCHE SPEZIALITÄTEN, in der ZWEITEN KLASSE, im ZWEITEN DEUTSCHEN FERNSEHEN, das RÖMISCHE REICH, die RÖMISCHE GESCHICHTE, die HOLSTEINISCHE SCHWEIZ, die SÄCHSISCHE MUNDART, die SÄCHSISCHE SCHWEIZ, eine ROTE KARTE, eine ROTE BLUSE

14 **9** Bilde mit jeder Zeitangabe einen kurzen Satz. Schreibe die Zeitangabe dabei in der richtigen Groß- und Kleinschreibung auf.

MONTAG *Am Montag habe ich eine Verabredung mit meiner Freundin.*

ABENDS

MORGEN

NACHTS

10 Ergänze in den folgenden Sätzen die fehlenden Kommas.

Können die Arbeiten bis zum Samstag den 05. Januar abgeschlossen werden?

Am kommenden Freitag, den 26. Februar um 14:00 muss die Abgabe erfolgen.

Ob das Konzert am Mittwoch den 09.04. stattfinden kann, bleibt unklar.

Bis zum Dienstag den 03.09.2021 kann das Buch ausgeliehen werden.

Mein Praktikum

1 Lies das unten stehende Bewerbungsschreiben und nenne den Beruf, den der Bewerber im Praktikum näher kennenlernen möchte.

____

Benjamin Stöckle
Am Vogelherd
93047 Regensburg
Tel. (09 41) 123 456
E-Mail: benjamin.stoeckle@e-mail.de

Reisebüro Abenteuer Touristik GmbH
Personalabteilung
Nürnberger Straße 185
93051 Regensburg

16. April 2021

Betriebspraktikum im Reisebüro
Liste der Ausbildungsbetriebe in unserer Schule

Sehr geehrte Damen und Herren,

ich bewerbe mich im Rahmen des Betriebspraktikums unserer Schule als Praktikant in Ihrem Betrieb, um die Arbeiten eines Tourismuskaufmanns kennenzulernen.
Ich besuche zurzeit die Realschule, die ich im Sommer 2024 mit dem mittleren Abschluss verlassen werde.
Für das Praktikum in Ihrem Betrieb habe ich mich entschieden, weil ich gerne mit Menschen zusammenarbeite und ein offener, kommunikativer Mensch bin.
Ich möchte mich gern bei Ihnen vorstellen und würde mich sehr über eine Einladung zu einem Gespräch freuen.

Mit freundlichen Grüßen

Benjamin Stöckle
Benjamin Stöckle

Anlagen: Lebenslauf mit Foto, Zeugniskopie

2 Nenne die Bestandteile von Benjamins Bewerbungsschreiben.

____

____

____

 deutsch.kombi plus 8, S. 102/103

3 An welcher Stelle sollte Benjamin noch weitere Informationen nennen und warum? Begründe deine Meinung.

4 **EXTRA** Sieh dir noch einmal an, für welchen Beruf Benjamin sich bewirbt. Welche Charaktereigenschaften, Fähigkeiten und persönlichen Erfahrungen erwartet man in diesem Berufszweig? Mache dir Notizen.

Charaktereigenschaften:

Fähigkeiten:

persönliche Erfahrungen:

5 **PLUS** Benjamin hatte mit seiner Bewerbung Erfolg. Jetzt muss er jeden Tag seine Praktikumstätigkeiten dokumentieren. Sieh dir die Notizen an und schreibe einen Tagesbericht. Schreibe so, als ob du über dich berichtest.

Arbeitsbeginn 10:00 Uhr – Informationsbroschüren auslegen – Kataloge ins Regal einsortieren – Kundenanfragen entgegennehmen (Telefon) – Kundengespräch zur Reisebuchung; Wünsche notieren – 13:00 Mittagspause – 13:30 Reiseangebot zusammenstellen nach Wünschen des Kunden (mit Programm) – Formular für Buchungsanfrage beim Reiseveranstalter vorbereiten – Anmeldeliste der Teilnehmer für Seminar zur Servicequalität zusammenstellen – 18:00 Feierabend

deutsch.kombi plus 8, S. 102–107

Zum Abschluss einen Bericht

1 Am Ende eines Praktikums wird meist ein Abschlussbericht verlangt. Beantworte nach deinem Praktikum zunächst folgende Fragen schriftlich. Notiere Stichworte.

a Wo, wann und in welchem Beruf absolviertest du dein Praktikum?
b Wie liefen die Tage meistens ab? War die Umstellung von der Schule auf das Praktikum schwierig?
c Warst du ausreichend vorbereitet? Begründe.
d Welche Tätigkeiten hast du hauptsächlich ausgeführt?
e Durftest du einzelne Tätigkeiten selbstständig verrichten?
f Wie hast du dich mit den Mitarbeitern/Mitarbeiterinnen verstanden?
g Was hast du im Praktikum gelernt (über einen bestimmten Beruf, über spezielle Tätigkeiten, über die Arbeitswelt allgemein)?
h Sind deine Erwartungen erfüllt worden? Was hat dir gut, was nicht so gut gefallen?
i Hältst du das Praktikum für sinnvoll? Was müsste man verändern?
j Wie hat das Praktikum deinen Berufswunsch und deine Einstellung zur Schule beeinflusst?

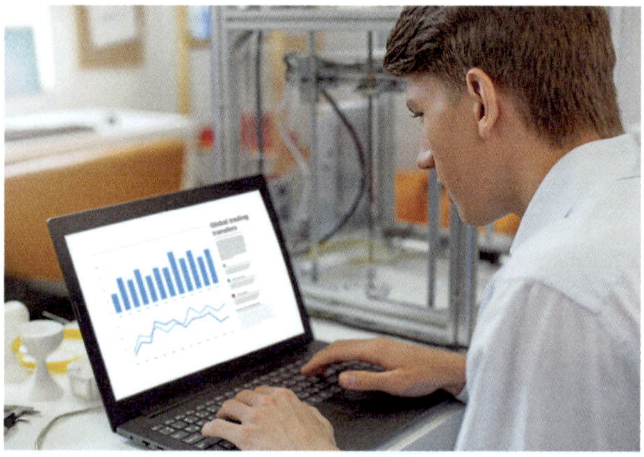

2 **EXTRA** Schreibe nach deinem Praktikum mithilfe der Notizen aus Aufgabe 1 einen zusammenhängenden Abschlussbericht. Beziehe dabei deine persönlichen Erfahrungen und Vorschläge mit ein. Schreibe sachlich.

3 **PLUS** Ein Freund, der sein Praktikum noch vor sich hat, fragt dich per E-Mail nach deinen Erfahrungen. Antworte ihm und berichte sachlich von deinem Praktikum. Nenne Eigenschaften und Fähigkeiten, auf die es in dem jeweiligen Beruf ankommt. Erwähne auch, was du vielleicht selbst gern vor deinem Praktikum gewusst hättest.

Die Landschaft wird gestaltet

1 Lies den Text und unterstreiche alle Passivformen.

Gärtner/Gärtnerin für Garten- und Landschaftsbau

Durch Parks wird den Menschen die Möglichkeit zum Entspannen geboten.
Außerdem werden durch Grünanlagen Luft und Klima verbessert.
Nicht zuletzt werden durch Parkanlagen Schadstoffe gebunden.
Diese Anlagen werden von Gärtnern und Gärtnerinnen der Fachrichtung Garten- und Landschaftsbau angelegt.
Entworfen werden die Landschaften meist durch Landschaftsarchitekten.
Von Gärtnern und Gärtnerinnen werden Wege, Teiche und Brunnen bepflanzt.

2 Wandle die Passivsätze aus Aufgabe 1 in aktive Formulierungen um, z. B. *Parks bieten den Menschen die Möglichkeit zum Entspannen.*

____

____

____

____

____

____

____

____

3 Ergänze die folgenden Sätze. Verwende dabei die Verben in den Klammern und bilde das Partizip II.

a Von Verkäuferinnen und Verkäufern werden die Kunden *beraten* (beraten).

b Beim Verkauf werden die Artikel ______________ (einscannen).

c Bei Rabattaktionen werden die vergünstigten Waren und deren Anzahl ______________ (aufschreiben).

d Neue Waren werden ______________ (auspacken).

e Danach werden sie ins Verkaufsregal ______________ (einräumen).

15 **4** Ergänze die fehlenden Sätze in der Tabelle, indem du sie ins Passiv bzw. Aktiv umformst.

Aktiv	Passiv
Ich pflanze die Blumen.	*Die Blumen werden von mir gepflanzt.*
	Von den Gärtnern wurde Schutzkleidung getragen.
Sie legen Blumenbeete an.	
	Der Teich wurde von der Gärtnerin angelegt.
Der Gärtner pflegt den Garten.	
	Durch Grünanlagen wird die Luft gereinigt.
Der Park schafft einen Lebensraum für Pflanzen und Tiere.	
	Durch die Bäume wird Sauerstoff gespendet.
Alle arbeiten eng mit den Gärtnern zusammen.	
	Von den Landschaftsarchitekten wurden die Wege angelegt.
Gärten machen Menschen glücklich.	

15 **5** Wandle die Passivsätze in Aktivsätze um. Verwende das Pronomen **man**. Achte auf die Zeitformen.

a Die Wege werden gekehrt. → *Man kehrt die Wege.*

b Diese Fische wurden gefangen. → ______

c Das Buch wurde schon gelesen. → ______

d Die Tische sind gedeckt worden. → ______

e Viele Bewerbungen wurden geschrieben. → ______

f Der Fehler ist erkannt worden. → ______

g Die Zeugnisse wurden verteilt. → ______

15 **6** Wandle die folgenden Aktivsätze mit „man" in Passivsätze um.

a Man hat die Wege mit Natursteinen gepflastert. → *Die Wege wurden mit Natursteinen gepflastert.*

 deutsch.kombi plus 8, S. 114–119

b Man hat die Wasserpflanzen bereits eingesetzt. → ______

c Man muss vor der Pflanzung sorgfältig planen. → ______

d Man sollte seine Gartengeräte gut pflegen. → ______

15 **7** Wandle die Passivsätze in Aktivsätze um.

a Von Bäckern und Bäckerinnen werden verschiedene Brotsorten hergestellt.

Bäcker und Bäckerinnen ...

b Von ihnen wird der gesamte Backprozess überwacht.

Sie ...

c Die frisch gebackenen Brote werden von ihnen verpackt.

d Die Backöfen werden jeden Tag gereinigt.

15 **8** Wandle die Aktivsätze nun in Passivsätze um.

a Bäckerinnen und Bäcker reinigen die Backbleche.

b Sie putzen den Mühlenraum.

c Sie müssen viele Hygienevorschriften einhalten.

d Die Praktikantinnen und Praktikanten müssen viel Neues lernen.

Was gibt's Neues?

1 Welcher Artikel erschien in welchem Ressort? Setze die passende Ziffer ein.

1 Politik | 2 Meinung | 3 Sport | 4 Wissenschaft | 5 Lokales

A ☐

Gespräche über Syrien

Teheran – Russlands Präsident Wladimir Putin ist am Mittwoch zu Gesprächen über den Syrien-Konflikt in Teheran eingetroffen. Auch das Atomabkommen mit Iran soll bei Putins Treffen mit seinem iranischen Kollegen Hassan Ruhani und Irans geistlichem Oberhaupt Ayatollah Ali Chamenei auf der Agenda stehen. [...] AP

B ☐

Russischer Olympiasieger Legkow wegen Dopings lebenslang gesperrt

[...] **Lausanne (dpa)** – Das Internationale Olympische Komitee hat den russischen Olympiasieger Alexander Legkow und seinen Teamkollegen Jewgeni Below lebenslang gesperrt. Das teilte das IOC am Mittwoch mit. Es fällte damit die ersten Entscheidungen nach den Untersuchungen der Oswald-Kommission. Sie hatte Athleten angehört, die im Zusammenhang mit dem mutmaßlichen Staats-Doping in Russland auch während der Winterspiele 2014 in Sotschi gebracht wurden. [...]

C ☐

Kluge Krähen

Krähen mögen auf der Suche nach Fressbarem Abfälle rund um Müllbehälter verteilen (Artikel „Ich muss leider draußen bleiben" vom 31. Januar). Gedeckelte Eimer führen aber dazu, dass größere Abfälle wie Pizzakartons danebenlanden, weil die Schlitze zu klein sind. Im Übrigen sind Menschen die viel schlimmeren Verschmutzer von Parkanlagen – würden sie nicht Essen wegwerfen, kämen die Krähen auch nicht auf die Idee, Abfalleimer zu durchwühlen. Fazit: Der Mensch ist die Ursache des Übels, die Krähe ist ein kluges Tier, das Essensreste verwertet.

Dr. Elisabeth Krüger, München

D ☐

In Finnland leuchten die Rentiere

Stockholm – Insgesamt gibt es rund 200 000 Rentiere in den finnischen Gebieten Lapplands, erklärt Anne Ollila vom Rentierzuchtverband. Weil es so viele Rentiere gibt, kommt es selbst im eher dünn besiedelten Lappland häufig zu Verkehrsunfällen. Laut Statistik sind im Jahr 3 000 bis 5 000 Straßenunfälle auf Rentiere zurückzuführen. Also hatte der Rentierzuchtverband die Idee mit den leuchtenden Geweihen. „Wir haben schon im Oktober begonnen, die Geweihe der 500 Rentiere mit Leuchtfarbe zu bemalen. Wir sind da, meines Wissens, die Einzigen weltweit", sagt Mitarbeiterin Anne Ollila stolz. Wobei derzeit nur die Weibchen im Dunklen leuchten. Denn nur sie tragen auch im Winter ihre Geweihe. [...]

Von André Anwar

 deutsch.kombi plus 8, S. 122/123, 127

E

Wolfsnächte
Wie gefährlich sind Wölfe? Sollten die streng geschützten Tiere geschossen werden? Eine Debatte darüber, ob die Ausbreitung des Raubtieres aufgehalten werden soll, trägt die Züge eines Kulturkampfes. Sie wird vor allem in Brandenburg erbittert geführt. 24 Wolfsrudel leben dort – mindestens. Bauern fürchten um ihre Herden.

2 Lies die Artikel A–E noch einmal und vergleiche sie. Nutze dazu folgende Tabelle und ergänze sie.

Artikel	Umfang	Welche W-Fragen werden beantwortet?	Sprache/ Zeitform	Autor/ Autorin	Woher stammen die Informationen?
A					
B					
C					
D					
E					

16 **3** Notiere, um welche Textart es sich deiner Meinung nach jeweils handelt. Begründe, v.a. bei Mischformen, was für die eine oder andere Textart spricht.

a informierend (z.B. Meldung, Nachricht, Bericht)

b meinungsäußernd (z.B. Kommentar, Rezension, Leserbrief)

c Mischform (z.B. Reportage, Interview)

Leser melden sich zu Wort

○ **1** Lies den folgenden Zeitungsausschnitt.

Wie Jugendliche in London gegen Rassismus kämpfen

Teenager hängen an Bushaltestellen in London über Nacht einige Plakate bekannter Filme mit anderen Darstellern auf. Ein Scherz? Wohl kaum, denn die Aktion vermittelt eine politische Botschaft.

London – Passanten in der englischen Hauptstadt London dürften sich beim Anblick einiger Bushaltestellen in den vergangenen Tagen gewundert haben. Was auf den ersten Blick nach einem neuen Streifen der magischen Harry-Potter-Reihe oder einer Neuauflage des Films „Titanic“ aussieht, hat eine tiefere Bedeutung. Anstatt der Konterfeis bekannter Hollywood-Größen prangen auf den Plakaten nämlich Gesichter von unbekannten schwarzen Jugendlichen. Dahinter steckt die „Legally Black“-Bewegung aus dem Süden Londons, die mit ihrer Plakataktion anprangern will, wie farbige Menschen in Filmen und anderen Medien dargestellt werden. So soll nach eigenen Angaben ein größeres Bewusstsein dafür entstehen, dass die schwarze Bevölkerung in den Medien unterrepräsentiert ist. Gleichzeitig will die Bewegung eine Diskussion über die nachteilige Darstellung von Schwarzen entfachen, wie es auf der Webseite der Bewegung heißt.

„Umgekehrter Rassismus“

Dabei betonen die vier 17 und 18 Jahre alten Jugendlichen aus dem Londoner Stadtteil Brixton, dass es ihnen nicht um die Verunglimpfung von den veränderten Filmen gehe. Vielmehr wollten sie darauf aufmerksam machen, dass Rollen von schwarzen Schauspielern meist mit negativen Stereotypen besetzt sind. „Das Hauptanliegen ist es, auf das Fehlen schwarzer und authentischer Rollen in den Medien aufmerksam zu machen“, sagte Mitglied Liv Francis-Cornibert gegenüber der BBC.

Neben der Harry-Potter-Reihe und „Titanic“ stellten die jungen Briten auch Plakate von Bridget Jones, James Bond und der Serie „Skins“ nach. Posen und Blicke wurden dabei stilecht übernommen. In den sozialen Medien sorgte die Aktion für Aufsehen, das die auf London angelegte Aktion weit über Großbritannien bekannt machte.

○ **2** Beantworte folgende Fragen zum Artikel stichwortartig.

a Wer steht hinter der Aktion? ______________________

____

____

b Was ist das Ziel der Aktion? ______________________

____

____

____

c Wie wurde die Aktion umgesetzt? ______

d Welche Filmplakate wurden nachgestellt und warum diese? ______

3 Überlege, wie du zu dieser Aktion stehst, und schreibe kurz deine Meinung auf.

17 4 Schreibe einen Leserbrief zum Artikel auf Seite 38. Gehe so vor:
- Lies den Zeitungsartikel noch einmal genau. Mache dir Notizen zum Thema, zu deinem Standpunkt und deinen Argumenten.
- Schreibe eine Anrede, nenne den Anlass deines Briefes (z.B. den Artikel, auf den du dich beziehst).
- Stelle deine Meinung dar und begründe sie.
- Formuliere am Schluss Fragen, Wünsche oder Vorschläge.
- Unterschreibe mit deinem Namen, gib eventuell deine Adresse an.

18 5 **EXTRA** Überlege, wie die Aktion auf eine Jugendliche/einen Jugendlichen afroamerikanischer Herkunft wirkt. Nimm diese Perspektive ein und verfasse einen kurzen Kommentar auf der Internetseite der Zeitung, in der der Artikel erschien. Gehe so vor:
- Einstieg: Beschreibe den Sachverhalt (Worum geht es? Was will ich erreichen?).
- Hauptteil: Lege deine Meinung dar und begründe mit Argumenten.
- Ziehe eine Schlussfolgerung und nenne deinen Namen.

19 6 **PLUS** Stell dir vor, du hättest die Jugendlichen bei ihrer Plakataktion von Anfang an begleitet, um eine Reportage darüber zu schreiben. Schreibe mit den im Artikel enthaltenen Informationen eine Kurzreportage. Gehe so vor:
- Notiere eine Überschrift und einen Vorspann.
- Einleitung: Überrasche mit einer kurzen Beschreibung der Situation oder einer Momentaufnahme.
- Hauptteil: Stelle das Geschehen dar. Ergänze Hintergrundinformationen und lasse Hauptpersonen zu Wort kommen. Schildere deine Gedanken und Gefühle. Schreibe anschaulich, spannend und verwende das Präsens.
- Schluss: Fasse zusammen.

deutsch.kombi plus 8, S. 131, 133, 135

direkt indirekt

1 Lies den folgenden Zeitungsausschnitt. Markiere die Sätze mit indirekter Rede und kreise die Konjunktivformen ein.

Zur Fußball-WM fällt das Public Viewing in Tettnang aus

Die Fußball-WM rückt näher. Das Public Viewing auf dem Bärenplatz fällt indes aus – anders als bei Meisterschaften der vergangenen Jahre. Hintergrund ist die Entscheidung der Stadt, den Platz nicht zu sperren. [...]

So argumentiert die Verwaltung: In der Vergangenheit sei lediglich die Einfahrt zur Montfortstraße gesperrt gewesen. [...] Die Stadt könne das nach heutigem Stand nicht mehr vertreten. Es gebe eine grundlegend veränderte Sicherheitslage im Zusammenhang mit den Anschlägen in den letzten Jahren, wie Judith Maier, Sprecherin der Stadt Tettnang, erklärt. Der Bärenplatz müsse dementsprechend komplett gesperrt werden. [...] Die Sperrung sei aus Sicherheitsgründen gegeben. [...] Ulrike Schühle vom Hotel Torstuben findet deutliche Worte für die Entscheidung: „Ich bin sehr enttäuscht über die Absage der Stadt und denke, vielen Tettnangern wird es ähnlich gehen.“ [...] Auch City-Wirt Silvio Klinger kann die Entscheidung nicht nachvollziehen: „Das Public Viewing am Bärenplatz ist doch mittlerweile zum Kulturgut geworden. Da ist doch auch immer eine tolle Atmosphäre gewesen.“ [...]

„Wir haben nicht generell etwas gegen ein Public Viewing“, sagt Maier. Schließlich seien in der Vergangenheit ja auch immer Stadtbedienstete dort gewesen. [...] Die Schwierigkeit am Bärenplatz sei, dass dieser sich direkt an der Hauptstraße befinde. Die Stadt gebe sich ab den Viertelfinalspielen trotzdem auch an diesem Ort gesprächsbereit, so Maier.

20 **2** Wandle die markierten Sätze aus Aufgabe 1 in direkte Rede um. Schreibe sie auf und achte auf die Satzzeichen der direkten Rede.

20 **3** Markiere mit einer weiteren Farbe im Ausschnitt von Aufgabe 1 die Sätze mit direkter Rede. Formuliere diese in indirekte Rede um und schreibe auf.

20 **4** Formuliere die folgenden Aussagen in indirekte Rede um und schreibe die Sätze auf.

a Klara meinte: „Ich habe lange keine Zeitung gelesen."

Klara meinte, sie habe lange keine Zeitung mehr gelesen.

b Yussuf rief: „Ich lese immer die Online-Ausgaben."

c Frederik gab zu: „Ich lese nur den Sportteil."

d „Ich interessiere mich nicht fürs Zeitunglesen", gab Julia zu.

5 Wandle die folgenden Aussagen in die direkte Rede um.

a Medina findet, dass die Überschriften das Interessanteste seien.

Medina findet: „Das Interessanteste sind die Überschriften."

b Leo ärgert sich darüber, dass Printzeitungen so unhandlich seien.

c Julia fragt sich, wie viele junge Menschen wohl noch Zeitungen lesen würden.

Handys, die ein Kilo wiegen?

1973 entwickelte der amerikanische Elektroingenieur Martin Cooper das erste Mobiltelefon und telefonierte damit. Zehn Jahre später, am 21. September 1983, kam dann das erste Handy für 4000 Dollar auf den Markt – es war 23 cm lang, 13 cm breit und wog ein Kilogramm. Ab da begann die Ära des mobilen Telefonierens. Cooper tüftelte außerdem an Quarzuhren und Funknetzen, er gründete Firmen für Rechnungssoftware und Antennentechnologie und ist Berater für Firmen und Regierungsbehörden im Bereich Telekommunikation. Er selbst nutzt alle Formen moderner Kommunikation und bloggt und twittert.

○ **1** Lies das Interview mit Martin Cooper.

[...] **Interviewer** Mit dem Handy sind Sie in den Straßen New Yorks aufgefallen. Wie lang dauerte es, bis Sie die Menschen nicht mehr anstarrten?

Cooper Das brauchte eine Weile. Michael Douglas war 1987 im Film „Wall Street“ mit dem *DynaTAC*[1] zu sehen, spätestens dann war es bekannt.

Interviewer Ein *DynaTAC* kostete 4000 Dollar – umgerechnet heute fast 10 000 Dollar. Würden Sie so viel für ein neues Handy zahlen?

Cooper Manche machen das heute noch. Ich würde das nicht tun. Die Leute, die damals das *DynaTAC* kauften, waren entweder reich oder beruflich viel unterwegs. Wenn Zeit wertvoll ist, ist die Möglichkeit, jederzeit erreichbar zu sein, unbezahlbar.

Interviewer Vom ersten Telefonat bis zur Zulassung vergingen zehn Jahre. Woran hat es gelegen?

Cooper Im Gerät selbst steckt ja nur die halbe Technologie. Die andere Hälfte ist das Handynetz. Bis beides funktionierte, dauerte es eben.

Interviewer Gegenwärtig soll es weltweit mehr Handys als Menschen geben. Haben Sie jemals am Erfolg Ihrer Erfindung gezweifelt?

Cooper Nein. Wir glaubten immer daran: Irgendwann würde jeder ein Mobiltelefon haben. Dass es sich so schnell entwickeln würde, dachte ich nicht. Als wir das erste Handy gebaut haben, gab es keine PC, keine Digitalkameras und kein World Wide Web. Wenn damals jemand gesagt hätte, dass irgendwann eine Milliarde Transistoren in einem Handy stecken, hätte man ihn ausgelacht.

Interviewer Sind Sie mit der Entwicklung der Industrie zufrieden?

Cooper Nein, ich bin sehr unglücklich damit. Der Fokus liegt zu sehr auf der Hardware: wie schnell der Prozessor ist, wie viele Pixel die Kamera hat. Den Menschen geht es aber mehr um die Erfahrung: Wie bequem kann man es nutzen? [...]

Interviewer Wagen Sie einen Blick in die Zukunft: Was werden Mobiltelefone in 30 Jahren können?

Cooper Sie werden die Medizin revolutionieren. Wir werden die Vorgänge im Körper mithilfe von Handys besser messen können und Krankheiten behandeln, bevor sie entstehen. Man wird einen Herzinfarkt bemerken, bevor er passiert. Und wir werden eines Tages auch die Mobiltelefone mit körpereigener Energie antreiben. Aber diese Entwicklung werde ich nicht mehr erleben.

1 DynaTAC 8000X (Abkürzung für dynamic adaptive total area coverage): Name des 1. Handys

deutsch.kombi plus 8, S. 146/147

deutsch.kombi plus 8

Lösungen zum Arbeitsheft
Differenzierende Ausgabe

TIPP Lies dir die Lösungen genau durch. Überprüfe, ob sie mit deinen Ergebnissen übereinstimmen.
Beachte bei Beispiellösungen, dass du diese nicht ganz genauso haben musst. Frag nach, wenn du nicht sicher bist.

Kapitel 1

Lösungen Seite 4

Aufgabe 2: (Beispiellösung)
Ein 36-jähriger Busfahrer eines Schulbusses sah an einer Haltestelle, wie ein Mann mit einem Messer auf eine junge Frau einstach. Ohne Zögern sprang er aus dem Bus und riss den Messerstecher von dem bereits blutenden Opfer weg. Die Frau kam ins Krankenhaus. Durch sein beherztes Einschreiten hinderte der Fahrer den Täter – es war der Ehemann der Frau – an weiteren Attacken und rettete der Frau vielleicht sogar das Leben.

Aufgabe 3: (Beispiellösung)
Fahrer hat sicher spontan gehandelt; hatte keine Zeit, lange zu überlegen; Gefahr forderte rasches Eingreifen; Frau war viel schwächer als der Mann; für Fahrer gab es sicher keinen Grund, mit dem Messer auf jemanden einzustechen; vielleicht hatte Fahrer auch schon sehr negative Erlebnisse mit Messerstechereien.

Aufgabe 4a: (Beispiellösung)
Man kann – wie der Fahrer es tut – direkt eingreifen, d.h. Opfer und Täter trennen.
Zivilcourage ist es aber auch, wenn man sich um ein Opfer kümmert, Hilfe organisiert und später als Zeuge zur Verfügung steht.

Lösungen Seite 5

Aufgabe 4b: (Beispiellösung)
Man kann aber auch – entsprechende Bedingungen vorausgesetzt – den Täter anschreien, den Notknopf des Handys drücken und die Polizei rufen, andere Leute laut herbeirufen, Pfefferspray oder andere Sprays versprühen, andere Leute animieren, einzugreifen, oder die Polizei zu rufen.

Aufgabe 5: (Beispiellösung)
Ich denke schon, dass das Verhalten des Busfahrers heldenhaft war. Er hat spontan versucht, den Messerstecher vom Opfer loszureißen, ohne an sich selbst zu denken. Lebensmüde war er meines Erachtens auf gar keinen Fall, selbst wenn ein solches direktes Eingreifen auch lebensgefährlich für den Retter werden kann.

Aufgabe 6: (Beispiellösung)
Ich hätte laut geschrien, Leute angesprochen, mit meinem Handy die Polizei gerufen, andere Männer animiert, direkt einzugreifen, oder Pfefferspray zu versprühen.

Aufgabe 7:

Der Busfahrer hat in meinen Augen wie ein wahrer Held gehandelt.	Er hat sich nämlich für eine hilflose Person eingesetzt.	Nur durch sein Eingreifen konnte die Frau gerettet werden. Andernfalls wäre für sie jede Hilfe zu spät gekommen.

Der Busfahrer hat sich unverantwortlich verhalten.	Denn er hat sich selbst und die Schulkinder in eine gefährliche Situation gebracht, als er für seine waghalsige Aktion den Bus verlassen hat.	Der Täter hätte beispielsweise auch in den Bus gelangen und die Kinder verletzen können.
Ich finde, der Busfahrer hat sich leichtsinnig in Gefahr gebracht.	Denn er war unbewaffnet und hat sich in eine Auseinandersetzung mit einem bewaffneten Täter eingemischt.	Der Busfahrer hätte leicht vom Täter angegriffen werden und schwere Verletzungen erleiden können. Dann hätte es zwei Verletzte gegeben.

Lösungen Seite 6

Aufgabe 8 EXTRA: (Beispiellösung)
Ich denke nicht, dass man sich in auftretenden Gefahrensituationen selbst in Lebensgefahr begeben sollte. Da finde ich es richtiger, die Hinweise der Polizei zu befolgen, also bei derartigen Gefahrenlagen Hilfe von anderen Menschen zu organisieren, die Polizei zu rufen, sich um die Opfer zu kümmern, möglicherweise auch Erste Hilfe zu leisten und später als Zeuge bei der Aufklärung von Verbrechen zur Verfügung zu stehen. Sonst bringt man sich selbst in Gefahr.
Es gibt meines Erachtens aber auch zahlreiche Beispiele für Zivilcourage, die zwar nicht unmittelbar mit Lebensgefahr verbunden sind, aber trotzdem viel Mut erfordern und möglicherweise auch die Bereitschaft, dafür von einer Mehrheit Widerstand ertragen zu müssen und bedroht zu werden, Nachteile zu haben, ungerecht behandelt zu werden. Solche Situationen treten in der Schule und im Alltag überaus häufig auf, z.B. wenn Schülerinnen und Schüler gemobbt werden, wenn fremdes Eigentum beschädigt oder gestohlen wird, wenn Betrug im Spiel ist. wenn gezündelt wird, wenn einige dominierende Menschen andere zu betrügerischen Verhalten anstiften und in ungerechtfertigter Weise ein Fehlverhalten bestimmen. Oft kann man auch sehr schwer unterscheiden zwischen einem lustigen Streich und einem Vorgehen, das Schwächere wirklich kränkt und ihnen schadet. Man sollte immer an seinem Mut arbeiten, sich Anfeindungen, Beschimpfungen und Bedrohungen zu widersetzen, für die Gerechtigkeit einzutreten. Aber es ist manchmal verdammt schwer.

Aufgabe 9 PLUS: (Beispiellösung)
Wer anderen hilft und dabei sein Leben riskiert, handelt vielleicht nicht immer klug, aber man kann ihm nach meiner Meinung nicht vorwerfen, er wolle nur den Helden spielen. Ich glaube, dass keiner anderen hilft und dabei sein Leben absichtlich aufs Spiel setzt, nur um als Held zu gelten. Als Toter

hätte er ja ohnehin nichts von dem Ruhm. So ist es auch, wenn sich Leute in ein brennendes Haus stürzen, sich dabei natürlich in Lebensgefahr begeben, um Menschen zu retten. Letztlich müssen sich oft auch Polizisten und Polizistinnen sowie Feuerwehrleute von Berufs wegen in lebensgefährliche Situationen begeben. Nach einem lebensbedrohlichen Engagement von dem Retter zu sagen, er habe nur den Helden spielen wollen, halte ich für falsch.

Lösungen Seite 7

Aufgabe 1–3:

(Wenn) man als unbeteiligte Person eine Gefahrensituation wahrnimmt, muss man oft in Sekundenschnelle eine Entscheidung treffen. Was kann man sinnvollerweise tun, um die Situation zu deeskalieren? Oft bleibt so wenig Zeit, (dass) man auch die Risiken und Gefahren für die eigene Person nicht genau abschätzen kann. Doch gerade ein rasches Handeln ist in bedrohlichen Situationen erforderlich, um Schlimmeres zu verhindern. Wie kann man sich intuitiv richtig verhalten, (ohne dass) man sich selbst in große Gefahr bringt? Diese Unsicherheit ist kein guter Ratgeber, (sondern) verstärkt noch die eigene Angst. Oft beurteilt man eine Situation auch falsch, (denn) man hat in einer gefährlichen Situation keinen kühlen Kopf. Sich über das richtige Verhalten in Gefahrensituationen zu informieren kann helfen, (denn) man kann im Notfall auf dieses Wissen zurückgreifen. Doch manchmal muss man sich in einer Situation auch zurückhalten, (obwohl) man lieber helfen möchte. Es gibt auch gute Gründe gegen ein Eingreifen (und) diese muss man akzeptieren. Sich für andere Menschen stark zu machen erfordert Mut(,) (und) niemand kann dazu gezwungen werden.

Hauptsatz Nebensatz

nebenordnende Konjunktion	unterordnende Konjunktion
sondern, denn, und	wenn, dass, ohne dass, obwohl

Aufgabe 4: *individuelle Schülerlösung*

Lösungen Seite 8

Aufgabe 5:

a) Du musst bei körperlichen Angriffen, Mobbing oder Ungerechtigkeiten eingreifen, denn du darfst Gewalt und Ungerechtigkeiten nicht akzeptieren.
b) Du kannst auf die Täter zugehen und sie ernst und sachlich zur Rede stellen.
c) Gehe selbst gegen Ungerechtigkeiten vor oder bitte andere um Hilfe.
d) Andere um Hilfe zu bitten, ist kein Zeichen von Schwäche, sondern oft die einzige Lösung, um Konflikte zu beenden.

Aufgabe 6:

a) Zwar will ich Menschen in bedrohlichen Situationen helfen, aber ich will dabei nicht mein Leben riskieren.
b) Manche Menschen können Konflikte besser schlichten, denn sie treten sehr selbstbewusst und autoritär auf.
c) Soll ich mich einmischen oder geht mich die Situation gar nichts an?
d) Zum Glück habe ich selbst noch keine gefährliche Situation erlebt, doch Ich weiß jetzt, wie ich mich verhalten würde.

Aufgabe 7:

a) Die Schülerin Mareike muss sich oft unfaire Bemerkungen ihrer Mitschülerinnen und Mitschüler anhören, sodass sie nur sehr ungern in die Schule geht.
b) Ich möchte Mareike helfen, weil Ich das Verhalten der anderen ungerecht finde.
c) Mareike meidet in den Pausen oft die anderen Kinder der Klasse, damit sie nicht schikaniert wird.
d) Meine Freunde und ich versuchen sie vor den Attacken der anderen zu schützen, indem wir die Pausen mit ihr zusammen verbringen.
e) Wir verteidigen sie und nehmen sie in Schutz, wenn sie erneut von anderen beleidigt wird.

Hauptsatz Nebensatz

Lösungen Seite 9

Aufgabe 8:

a) Zwei Frauen, eine junge und eine ältere Frau, leisten erste Hilfe.
b) Das Auto, ein blauer Kombi, war vorne ganz verbeult.
c) Ein zweites Auto, auf dem Parksteifen stehend, wurde ebenfalls beschädigt.
d) Die anderen Zeugen, fünf Jugendliche im Alter von 15 Jahren, haben die Polizei gerufen.
e) Einige Leute, im Café nebenan sitzend, haben mit ihrem Handy gefilmt.
f) Der Unfall geschah am Freitag, den 3. Mai 2021, im Feierabendverkehr.
g) Am 1. Juni, einem Montag, war die Gerichtsverhandlung.

Kapitel 2

Lösungen Seite 11

Aufgabe 2: *individuelle Schülerlösung*

Aufgabe 3: (Beispiellösung)

- Ich bin für den Vorschlag der 8a, um beizutragen, die Viehzucht zu reduzieren und zu verbessern.
- Die Massentierhaltung wird durch hohen Fleischkonsum der Menschen angeregt. Das ist einfach auch für die Tiere furchtbar.
- Die Treibhausgasemissionen, vor allem der Rinder, wären bei geringerem Fleischverbrauch deutlich geringer. Das wäre klimafreundlicher.
- Mir liegt der Schutz von Acker- und Weidenflächen besonders am Herzen. Für Schweine und andere Tiere muss zusätzlich Futter produziert werden. Das kostet wertvolle Anbauflächen. Dadurch gibt es unnötige Treibhausemissionen.
- Für Rinder, Schweine und andere Tiere muss zusätzlich Futter produziert werden. Das geht nur mit Einsatz von Chemikalien. Der Dünger, der auf die Felder kommt, verdirbt außerdem unser Trinkwasser. Er würde sich automatisch reduzieren.

Aufgabe 4: *individuelle Schülerlösung*

Aufgabe 5: (Beispiellösung)

- Ich bin gegen den Vorschlag, dass es in der Mensa nur noch zweimal pro Woche Fleisch geben soll, weil ich mir die höheren Kosten für das Schulessen nicht leisten kann. Außerdem könnte ich eine Preissteigerung bei unserem Schulessen nicht akzeptieren. Wieso ist denn Gemüse auf dem Teller teurer als Fleisch?
- Ich bin dagegen, weniger Fleisch zu essen. Man müsste auch an die Viehbauern denken, die große Einbußen haben, wenn die Leute viel weniger Fleisch kaufen. Mein Onkel ist Rinderzüchter und hat mir das mal vorgerechnet.
- Ich esse weder Linsen und Bohnen noch Erbsen gerne. Wenn das die Alternative sein soll, um genügend Eiweiß zu bekommen, bin ich dagegen.
- Ich bin gegen den Vorschlag, weil unser Schulessen dann einseitiger würde. Ich habe unlängst gelesen, dass das Essen von Fleisch für Menschen, die sich noch im Wachstum befinden, unheimlich wichtig ist.

Lösungen Seite 12

Aufgabe 6: (Beispiellösung)

Das stärkste Argument für den Vorschlag ist meines Erachtens, dass wir dazu beitragen könnten, die Massentierhaltung überflüssig zu machen. Damit würden auch die anderen negativen Erscheinungen, die mit der Massentierhaltung verbunden sind, reduziert oder beseitigt werden. Treibhausgasemissionen wären bei geringerem Fleischverbrauch geringer. Das wäre klimafreundlicher.

Das stärkste Argument gegen den Vorschlag ist die Gefahr, dass unser Mensaessen infolge des Fleischmangels ziemlich einseitig wird. Wenn die Alternative, um genügend Eiweiß zu bekommen, Hülsenfrüchte sein soll, bin ich dagegen.

Aufgabe 7: (Beispiellösung)

Ich wäre für den Vorschlag, wenn gesichert wäre, dass unser Essen nicht teurer würde und die Qualität mindestens so wie bisher bliebe. Mit Bohnen, Linsen und Erbsen könnte ich mich nicht anfreunden. Gegen Kartoffelgerichte wie z. B. Pommes, habe ich nichts einzuwenden, auch nicht gegen Eier und Quark. Vielleicht schafft man es ja auch, ein Wahlessen auf den Tisch der Schulmensa zu bringen.

Aufgabe 8: (Beispiellösung)

Man müsste natürlich noch wissen, wie genau die „Ersatz-Eiweißlieferanten" aussehen würden Mir ist außerdem auch noch unklar, wie unser Speiseplan dann beschaffen wäre. Mir scheint, dass wir jetzt schon sehr, sehr wenig Fleisch bekommen, stattdessen alles solche Dickmacher wie Grießbrei, Erbsensuppe (übrigens ohne Wurst), Eierkuchen, Pudding, viele zuckerhaltige Speisen.

Lösungen Seite 13

Aufgabe 9: (Beispiellösung)

Ich beziehe mich auf euren Vorschlag, das Schulessen umzustellen:
Statt bisher vier bis fünf Fleischgerichten in der Woche sollen künftig drei Tage fleischfrei sein.

1. **Im Falle einer Zustimmung**: Ich bin der Meinung, dass das seitens der Schüler kein so großes Opfer darstellt. Dafür könnten wir einen Beitrag zum Klimaschutz leisten. Jeder weiß, dass ein hoher Fleischverbrauch durch die Treibhausgas-Emissionen, die mit der Erzeugung von Fleisch verbunden sind, sehr schlecht für unser Klima ist. Wenn alle Menschen ihren Fleischverzehr

etwas einschränken würden, wäre das ein wichtiger Schritt, das Fortschreiten der Erderwärmung zu stoppen. Man könnte auch auf eine Massentierhaltung verzichten, was wiederum für die Tiere gut wäre. Selbstverständlich müsste man noch einmal beraten, wie es gelingen kann, den Beitrag für das Schulessen nicht oder nicht wesentlich zu erhöhen und ein schmackhaftes Essen an allen Tagen auf den Tisch zu bringen. Dabei halte ich es auch für wichtig, dass man bei Lebensmitteln, auch bei Obst und Gemüse, auf regionale Produkte zurückgreift, damit lange Transportwege vermieden werden. Wenn man alle positiven Argumente betrachtet, ergibt sich, dass man diesem Vorschlag zustimmen muss. Allerdings müsste schon gesichert sein, dass unser Essen nicht wesentlich teurer würde und die Qualität mindestens so wie bisher bliebe. Mit Bohnen, Linsen und Erbsen könnte ich mich nicht anfreunden. Gegen Kartoffelgerichte wie z. B. Pommes, habe ich nichts einzuwenden, auch nicht gegen Eier und Quark. Vielleicht schafft man es ja auch, ein Wahlessen auf den Tisch der Schulmensa zu bringen.

2. **Im Falle einer Ablehnung**: Ich lehne diese Initiative ab. Es interessiert meiner Meinung nach keinen, ob ein paar Schülerinnen und Schüler an drei Tagen Fleisch essen oder nicht. Es gibt so viele Dinge, die eine viel größere Wirkung beim Klimaschutz hätten, z. B. der Straßen-, Luft- und Wasserverkehr. Hier aber sind keine Einschränkungen erkennbar. Und warum sollen wir für schlechteres Essen auch noch mehr Geld bezahlen? Wir bekommen doch ohnehin nicht alle Tage Fleisch. Dass wir künftig Linsen, Bohnen und Erbsen in höherem Maße angeboten bekommen sollen, ist wohl ein Witz. Ich habe unlängst gelesen, dass Fleisch im Speiseplan keineswegs fehlen darf; es ist für die Entwicklung von jungen Menschen unheimlich wichtig. Außerdem kann ich als Sportler auf Fleisch als Eiweißlieferant nicht verzichten, zumal Schnitzel und Bratwurst meine Lieblingsspeisen sind.

Was die Bio-Lebensmittel betrifft, so brauche ich diese nicht. Sie sind nach meiner Erfahrung sowieso nur ein Mittel, um höhere Preise zu erzielen. Man müsste also noch mal gründlich beraten, wie genau die „Ersatz-Eiweißlieferanten" aussehen würden. Mir ist außerdem auch noch unklar, wie unser Speiseplan dann beschaffen wäre. Man sollte schon mal ein paar Wochen Speisepläne ausarbeiten. Mir scheint, dass wir jetzt schon sehr, sehr wenig Fleisch bekommen, stattdessen alles solche Dickmacher wie Grießbrei, Erbsensuppe (übrigens ohne Wurst), Eierkuchen, Pudding, viele zuckerhaltige Speisen. Diese Diskussion sollte möglichst bald zustande kommen.

Aufgabe 10 EXTRA: (Beispiellösung)

Nicht täglich Fleisch und nur noch Bio-Lebensmittel in unserer Mensa! Wir beantragen, dass es nach den Ferien in unserer Mensa statt fünf nur noch zwei Fleischgerichte in der Woche gibt. Dadurch wollen wir einen Beitrag zum Klimaschutz leisten. Durch eine Reduzierung des Fleischverbrauches können auch die Treibhausgas-Emissionen, die mit der Erzeugung von Fleisch verbunden sind, reduziert werden. Selbst wenn wir nur einen kleinen Beitrag leisten können, ist das nach unserer festen Überzeugung ein Schritt in die richtige Richtung. Wenn alle Menschen ihren Fleischverzehr etwas einschränken würden, wäre es möglich, das Fortschreiten der Erderwärmung aufzuhalten. Man könnte auch auf eine Massentierhaltung verzichten, was wiederum eine Eindämmung der Tierquälerei bedeuten würde. Es gäbe noch eine Reihe weiterer Vorzüge, z. B. eine Einsparung von Wasser, eine Reduzierung von Getreide-Anbauflächen, damit eine Bewahrung von Wäldern, eine geringere Trinkwasserverschmutzung und schließlich eine gesündere Lebensweise. Dabei soll in hohem Maße auf Bioprodukte, möglichst aus unserer Region, zurückgegriffen werden. Da Bioprodukte in der Regel etwas teurer sind, würde das Schulessen wahrscheinlich auch etwas teurer werden. Wir werden so schnell wie möglich beraten, wie es gelingen kann, den Beitrag für das Schulessen nicht oder nicht wesentlich zu erhöhen, z. B. durch die Gewinnung von Sponsoren (Crowdfunding).

Aufgabe 11 PLUS: (Beispiellösung)

Liebe Eltern,

wir Schülerinnen und Schüler der Ernst-Abbe-Oberschule haben beschlossen, dass es nach den Ferien in unserer Schulmensa statt fünf nur noch zwei Fleischgerichte pro Woche geben soll. Dadurch wollen wir unseren Fleischverbrauch reduzieren und einen Beitrag zum Klimaschutz leisten. Zugleich haben wir uns geeinigt, dass unsere Küche in hohem Maße auf Bioprodukte, möglichst aus unserer Region, zurückgreifen wird. Da Bioprodukte in der Regel etwas teurer sind, würde das Schulessen wahrscheinlich auch etwas teurer werden. Nach ersten Berechnungen und Absprachen mit der Lieferantenfirma würden sich die Mehrkosten auf etwa 2,50 € pro Schüler und pro Woche belaufen.

Wir wissen, dass ihr immer ein offenes Ohr habt, wenn es um die Abschaffung der Massentierhaltung und die ökologische Landwirtschaft geht. Deshalb bitten wir euch zu prüfen, ob ihr uns bei der Umsetzung unseres Beschlusses unterstützen und die Mehrkosten oder einen Teil davon übernehmen könntet.

Wir bedanken uns im Voraus und verbleiben

mit freundlichen Grüßen

die Schülersprecher ...

Lösungen Seite 14

Aufgabe 1:

Korrigierte Fehler sind: gehört, Umwandlung, Graslandschaften, Abbau, wird, freigesetzt, klimaschädlich, betrifft, Wiederkäuer, Liter, Jahr, Vergleich, Ausstoß , Klimabilanz, Kraftfutter, annähernd, Grasen, binden, Treibhausgasen, trägt bei, Drittel, verantwortlich

Lösungen Seite 15

Aufgabe 2: (siehe Tabelle unten)

Aufgabe 3:

	Mitsprechen	Ableiten und Verlängern
Umwandlung		×
Abbau	×	
freigesetzt		×
klimaschädlich		×
betrifft		×
Wiederkäuer		×
CO_2-Ausstoß	×	
annähernd		×
verantwortlich	×	

Aufgabe 4:

gehören → gehört, wurde → wird, bindet → bindet, hat beigetragen → trägt ... bei.

Aufgabe 5:

siehe Lösungen Aufgabe 2–4

	Artikel	Adjektiv, Zahlwort	Substantivendung, z. B. -schaft, -heit, -ung	Präposition	Wörter wie alles, nichts, wenig viel
Graslandschaften			×	×	
Liter		×			
Jahr				×	
Vergleich				×	
Klimabilanz		×			
Kraftfutter					×
Grasen				×	
Drittel	×				
Klimabilanz		×			

Kapitel 3

Lösungen Seite 17

Aufgabe 2:

Aussagen über den Inhalt des Textes „Die drei dunklen Könige"	richtig	falsch
a) Es wird am Anfang von einem Mann erzählt, der spät am Abend mit Feuerholz nach Hause geht.	×	
b) Zu Hause warten Frau und Kind in der warmen Stube auf ihn.		×
c) Dann tauchen plötzlich drei Gestalten in Uniformen auf, nachdem sie das Licht gesehen haben.	×	
d) Sie erzählen der Familie von Kriegserlebnissen.		×
e) Jeder der drei Männer gibt der Familie ein besonderes „Geschenk".	×	
f) Als die drei wieder weg sind, bemerkt der Mann, dass sie die Haferflocken mitgenommen haben.	×	

Lösungen Seite 18/19

Aufgabe 3: (Beispiellösung für kompletten Text)

1. **Wo spielt die Handlung?**

Der erste Ort ist irgendwo in einer dunklen Vorstadt. Der Mann „tappte durch die dunkle Vorstadt", in der „die Häuser abgebrochen gegen den Himmel standen". (Z. 1)

Der zweite Ort ist das Haus oder die Hütte, in der die Familie wohnt. Sie ist sehr klein und besteht vermutlich nur aus einem Raum Er wird durch einen kleinen Blechofen beheizt. Der Atem der Mutter „hing weiß im Zimmer, so kalt war es". (Z. 7/8). Die Atmosphäre ist so beschrieben, dass man die erschreckende Armut und Kälte regelrecht spürt. Offensichtlich ist es auch sehr dunkel in dem Raum, weil nur bei geöffneter Ofentür etwas Licht durch den Raum glimmt. Wie kalt es in dem Raum ist, wird auch aus folgendem Details deutlich: Die drei Männer „kamen doch ins Zimmer, stießen Nebel aus den Nasen." (Z. 26). Der Vater denkt: „Nun hat sie ihr Kind gekriegt und muss frieren …" (Z. 19/20)

2. **Welche Figuren spielen in der Handlung eine Rolle?**

In der Geschichte erfährt man von drei Familienmitgliedern (Vater, Mutter und neugeborenes Kind) und drei kriegsgeschädigten Männern, die um Einlass bitten, um sich aufzuwärmen.

3. **Wann spielt die Handlung?**

Borchert zeichnet gleich zu Beginn der Geschichte ein Bild der Armut, Trostlosigkeit und Einsamkeit in der Zeit unmittelbar nach dem Krieg. Der Mann „tappte durch die dunkle Vorstadt", in der „die Häuser abgebrochen gegen den Himmel standen" (Z. 1). Das ist ein Bild von den Kriegsruinen. Da „der Mond fehlte" (Z. 2) und es sehr dunkel war, bewegt sich der Mann nur sehr langsam und unsicher an den Ruinen vorbei. Es war auch nirgends beleuchtet. Durch die ganze Geschichte zieht sich die Betrachtung des eben geborenen Kindes in der ersten Stunde nach der Geburt.

Aufgabe 4: (Beispiellösung)

Der Beginn der Geschichte ist unvermittelt. Man wird sofort in das Geschehen hineingezogen. Der Mann sammelt zum Heizen des Ofens zu Hause Holz in der Vorstadt. Der Mann „tappte durch die dunkle Vorstadt", in der „die Häuser abgebrochen gegen den Himmel standen" (Z. 1). Genauere Angaben zu Ort, Zeit, Vorgeschichte, aber auch zu den Personen fehlen. Die Leserin oder der Leser muss die Stimmung aus wenigen Sätzen erschließen. Wolfgang Borchert, der bis Mitte des zwanzigsten Jahrhunderts gelebt hat, macht in der Kurzgeschichte „Die drei dunklen Könige" mit sehr bildreicher Sprache die unsäglichen Leiden der Menschen in der Nachkriegszeit deutlich. Die Handlung stellt einen kurzen Ausschnitt aus dem Leben einer erbärmlich armen Familie dar. Sie könnte sich wirklich so abgespielt haben. Mitten in die Situation von Hunger, Kälte und Elend ist ihr Kind geboren worden. Durch die ganze Geschichte zieht sich die Betrachtung des eben geborenen Kindes in der ersten Stunde nach der Geburt. Nachdem der Vater mit einem Stück Holz zu seiner Frau und dem Baby zurückgekehrt ist, bitten drei kriegsgeschädigte Männer um Einlass, um sich kurz aufzuwärmen. Man erfährt von den grausamen Schicksalen der drei Fremden im Krieg. Bevor sie gehen, schenken sie der Familie etwas Tabak, zwei Bonbons und einen holzgeschnitzten Esel. Das ist wenig, aber sehr viel, wenn man bedenkt, dass diese Habseligkeiten alles waren, was sie besaßen. „Die drei dunklen Könige" haben den Vater für eine kurze Zeit Not und Elend vergessen lassen. Erst als sie gegangen sind, kehrt er in den Alltag zurück. Am Ende fällt der Mutter ein, dass Weihnachten ist. Das Kind, das dem Leben der Familie neuen Lebensmut gibt und beide durch seinen gesunden, kräftigen Schrei glücklich macht, ist der Mittelpunkt in der Geschichte.

Aufgabe 5: (Beispiellösung)

- Borchert zeichnet gleich zu Beginn der Geschichte ein Bild der Armut und Einsamkeit in der Zeit unmittelbar nach dem Krieg. Die „abgebrochenen Häuser" sind, denke ich, Kriegsruinen.
- Auch durch den Besuch der drei Männer in alten Uniformen und deren Schicksale wird deutlich, dass die Geschichte unmittelbar nach dem Krieg spielt. (Z. 29–32 und Z. 38/39).

Aufgabe 6: (Beispiellösung)

a) Es wird von einem wichtigen Ausschnitt aus dem Leben einer Familie unmittelbar nach dem Krieg berichtet. Es wird ein Kind geboren.
b) Der Beginn der Geschichte ist unvermittelt. Man wird sofort in das Geschehen hineingezogen. Der Mann sammelt zum Heizen des Ofens zu Hause Holz in der Vorstadt. Genauere Angaben zu Ort, Zeit oder Vorgeschichte fehlen.
c) Auch das Ende der Geschichte ist unvermittelt; Angaben zum weiteren Geschehen fehlen.
d) Die Geschichte kommt mit wenigen Figuren aus (drei Familienmitglieder und drei Kriegsversehrte).
e) Die Handlung stellt einen kurzen Ausschnitt aus dem Leben einer erbärmlich armen Familie dar. Sie könnte sich wirklich so abgespielt haben.
f) Die Handlung entwickelt sich geradlinig zum Höhepunkt, zum lauten gesunden Schrei des Kindes hin. Dieser Schrei stellt zugleich den Wendepunkt in der Geschichte dar.
g) Erzählt wird in einer einfachen, verständlichen, sehr bildreichen Sprache.

Lösungen Seite 19

Aufgabe 7: (Beispiellösung)

Die Handlung weist viele Parallelen zu der Geburt Jesu in der Bibel auf. Die „Dunklen" werden wie die heiligen drei Könige vom Licht in eine kleine Hütte geführt, in der eine arme Familie mit ihrem Neugeborenen deren Geschenke entgegennimmt. Das Kind wird durch den Vergleich mit Jesus etwas ganz Besonderes. Am Ende der Geschichte taucht auch der Begriff der „Heiligen Könige" auf.

Aufgabe 8: individuelle Schülerlösung

Aufgabe 9 EXTRA: (Beispiellösung)

Wolfgang Borchert thematisiert in seiner 1946 entstandenen Kurzgeschichte „Die drei dunklen Könige" die unsäglichen Leiden der Menschen in der Nachkriegszeit deutlich. Die Handlung stellt einen kurzen Ausschnitt aus dem Leben einer bitterarmen jungen Familie dar. Mitten in die Situation von Hunger, Kälte und Elend ist ihr Kind geboren worden. Durch die ganze Geschichte zieht sich die Betrachtung des eben geborenen Kindes in der ersten Stunde nach der Geburt. Nachdem der Vater mit einem Stück Holz zu seiner Frau und dem Baby zurückgekehrt ist, bitten drei kriegsgeschädigte Männer um Einlass, um sich kurz aufzuwärmen Man erfährt von den grausamen Schicksalen der ehemaligen Soldaten im Krieg. Bevor sie gehen, schenken sie der Familie etwas Tabak, zwei Bonbons und einen holzgeschnitzten Esel. Das ist wenig, aber sehr viel, wenn man bedenkt, dass diese Habseligkeiten alles waren, was sie besaßen. „Die drei dunklen Könige" haben den Vater für eine kurze Zeit Not und Elend vergessen lassen. Erst als sie gegangen sind, kehrt er in den Alltag zurück. Am Ende fällt der Mutter ein, dass Weihnachten ist. Das Kind, das dem Leben der Familie neuen Lebensmut gibt und beide Eltern durch seinen gesunden, kräftigen Schrei glücklich macht, ist der Mittelpunkt in der Geschichte.

Die Handlung weist viele Parallelen zu der Geburt Jesu in der Bibel auf. Die „Dunklen" werden wie die heiligen drei Könige vom Licht in eine kleine Hütte geführt, in der eine arme Familie mit ihrem Neugeborenen deren Geschenke entgegennimmt. Das Kind wird durch den Vergleich mit Jesus etwas ganz Besonderes. Am Ende der Geschichte taucht auch der Begriff der „Heiligen Könige" auf.

Zu den auffallendsten stilistischen Mitteln gehören die Personifikationen. Diese zeigen die Dunkelheit und Trostlosigkeit außerhalb des Hauses, zum Beispiel „Pflaster war erschrocken" (Z. 2), der „Mond fehlte" (Z. 2) und die „Sterne waren nicht" (Z. 5) vorhanden. Durch die Personifizierung aus Zeile 6 „sie weinte dabei, die Tür" wird die Armut und Dürftigkeit deutlich. Die Kälte wird durch die „blassblauen Augen" der Mutter (Z. 6) und der „Atem hing weiß" (Z. 7) veranschaulicht. Dagegen strahlt die kleine Hütte, in der die Familie wohnt, ein gewisses Maß an „Wärme" aus, als der Mann Holz in den Ofen packt: „Da glomm es auf" (Z. 11).

Die „drei dunklen Könige" kommen aus dem Dunklen, dort wo keine Hoffnung zu finden ist, in das erwärmte, beleuchtete Zimmer der Familie und erkennen wohl hier, dass das Leben auch nach dem Krieg weitergehen muss.

deutsch.kombi plus 8 Arbeitsheft Sachsen 978-3-12-313644-3

Die Geschichte „Die dunklen Könige" weist wesentliche Merkmale einer Kurzgeschichte auf:

- Es wird von einem wichtigen Ausschnitt aus dem Leben einer Familie unmittelbar nach dem Krieg berichtet. Es wird ein Kind geboren.
- Der Beginn der Geschichte ist unvermittelt. Man wird sofort in das Geschehen hineingezogen. Der Mann sammelt zum Heizen des Ofens zu Hause Holz in der Vorstadt. Genauere Angaben zu Ort, Zeit oder Vorgeschichte fehlen.
- Auch der Schluss der Geschichte ist unvermittelt; Angaben zum weiteren Geschehen fehlen.
- Die Geschichte kommt mit wenigen Figuren aus (drei Familienmitglieder und drei Kriegsversehrte).
- Die Handlung entwickelt sich geradlinig zum Höhepunkt, zum lauten gesunden Schrei des Kindes. hin. Dieser Schrei stellt zugleich einen gewissen Wendepunkt in der Geschichte dar, von absoluter Dumpfheit und Trostlosigkeit hin zu einem Gefühl der Lebendigkeit und Perspektive.

Aufgabe 10 PLUS: (Beispiellösung)

a) Diese Stelle tritt dreimal auf: Der Mann möchte mit seinen Fäusten in ein Gesicht schlagen (Z. 20, 23, 48).
Offensichtlich drückt sich darin eine große Hilflosigkeit aus. Der Vater ist verärgert, von sich selbst enttäuscht und muss diese Wut ständig mit sich herumtragen. Es gibt noch nicht einmal jemandem, dem er die Schuld an dem ganzen Elend zuweisen kann. Dieses Gefühl, welches Verzweiflung darstellt, zieht sich durch die ganze Geschichte.

b) In der Geschichte ist immer wieder die Rede davon, dass „das Holz mürbe und süß" rieche (Z. 9, 10, 19, 52). An allen Stellen steht das „Holz", das süß und wie Kuchen rieche, für Herzenswärme und das Gefühl der Geborgenheit. Zugleich wird deutlich, dass der Mann eine Erinnerung an bessere Zeiten und eine große Sehnsucht hat, wieder ein besseres Leben (mit Kuchen zur Weihnachtszeit!) führen zu können.

c) Die wenigen Haferflocken dienen Borchert dazu, den Hunger und die entsetzliche Armut der Familie deutlich zu machen (Z. 18). Durch die Aussage der Mutter wird der Haferflockenrest als noch wertvoller und der Verlust durch den Diebstahl der drei Fremden als noch größer empfunden. Man ist aber nicht sonderlich wütend auf die dunklen Könige. Sicherlich haben sie gar nicht richtig über die Folgen ihres Tuns nachgedacht, und ihr Hunger war unmenschlich groß.

d) Das Licht spielt im Verlauf der Geschichte eine große Rolle.
Als der Mann am Anfang der Geschichte suchend durch die Vorstadt irrt, ist alles dunkel. Die Wiederholung des unsicheren Tappens und die erneute Betonung der Dunkelheit runden das Gefühl der Trostlosigkeit und Perspektivlosigkeit ab. Der Mann weiß noch nicht, dass zu Hause gerade sein Sohn geboren wurde. Durch einen Strahl des Feuers, also einen Lichtstrahl, erkennt der Leser dann das „winzige runde Gesicht", das erst eine Stunde alt war. Das bedeutet, dass das Kind lebt. Damit setzt Borchert eine neue Perspektive.
„Die Frau sagte leise: Kuck, wie ein Heiligenschein, siehst du?" (Z. 22). – Das bedeutet, dass beide Eltern jetzt ein gewisses Maß an Glück empfinden. Das ist gegenüber der ersten Erwähnung des Lichts eine Steigerung. Zweimal werden durch die Erwähnung des Lichts (Z. 21, 24) neue, im Großen und Ganzen positive Informationen angekündigt, die etwas mit Wärme und Menschlichkeit zu tun haben.
„Ja, Weihnachten, brummte er […]" (Z. 54). Durch diesen letzten Satz der Geschichte wird eine positive, optimistische Stimmung der Wärme und Geborgenheit erzeugt.

Lösungen Seite 20

Aufgabe 1 und 2:

(Subjekt/Prädikat)

a) Wolfgang Borchert wurde 1921 in Hamburg geboren.

b) Er hat bis Mitte des zwanzigsten Jahrhunderts gelebt.

c) Während des Krieges wurde er verwundet.

d) Bekannt wurde er durch das Drama „Draußen vor der Tür".

e) Überliefert sind von ihm aber auch zahlreiche Kurzgeschichten und Gedichte.

Aufgabe 3: *individuelle Schülerlösung*

Aufgabe 4:

a) Borchert (Subjekt) schrieb (Prädikat) mit 15 Jahren (Adverbialbestimmung) seine ersten Gedichte (Akkusativobjekt).

b) Nach dem Besuch einer Hamletaufführung (Adverbialbestimmung) beschloss (Prädikat) er (Subjekt) Schauspieler (Prädikatsnomen) zu werden.

c) Er (Subjekt) begann (Prädikat) nach der Schule (Adverbialbestimmung) eine Schauspielausbildung (Akkusativobjekt).

d) Im Krieg (Adverbialbestimmung) litt (Prädikat) Borchert (Subjekt) unter den Umständen (Präpositionalobjekt) an der Front (Attribut).

Lösungen Seite 21

Aufgabe 5:

Ort	Zeit	Art und Weise
in den kleinen Blechofen	Da	hell
durch das Zimmer	einen Augenblick	leise
auf ein winziges rundes Gesicht	erst eine Stunde	
	schon	

Aufgabe 6:

Akkusativobjekt	Dativobjekt	Präpositionalobjekt
ihr Kind	dem (2 ×)	von dem süßen, weichen Holz
keinen (2 ×)		dafür
die Fäuste (2 ×)		
die Ofentür		

Kapitel 4

Lösungen Seite 22

Aufgabe 2:

Vorname: Tatjana, Name: Cosic, Alter: vierzehn, Größe: 1,65, Elternhaus: Eltern kommen aus Serbien oder Kroatien, Wohnort: weißes Mietshaus mit vielen Fenstern, Lieblingsfächer: Sport, Englisch

Aufgabe 3:

sportlich (mag das Fach Sport), interessiert an Fremdsprachen (mag das Fach Englisch), sympathisch (angenehme Stimme und angenehmes Äußeres)

Lösungen Seite 23

Aufgabe 4 EXTRA:

beliebt (feiert eine „Riesenparty"), hat viele Freundinnen (lädt viele Freundinnen zu ihrer Geburtstagsparty ein), nicht aufgeschlossen gegenüber Außenseitern (lädt „Langweiler" und „Asis" nicht zu ihrer Party ein), neugierig (will von Maik alles über dessen Unfall wissen)

Aufgabe 5 PLUS: *individuelle Schülerlösung*

Lösungen Seite 25

Aufgabe 2:

a) Das Geschehen wird von einer Figur, die am Geschehen beteiligt ist, berichtet.

b) Der Erzähler ist Maik Klingenberg.

c) Die Erzählperspektive ist beides.

d) Die Erzählform ist 1. Person Singular.

e) Der Erzähler hat einen Überblick über die Sicht und das Innere nur einer Figur.

f) Die Erzählhaltung ist ironisch, humorvoll.

g) Die Rede- und Gedankenwiedergabe geschieht beschreibend.

Aufgabe 3:

Wortwahl: anschauliche Adjektive, abwechslungsreiche Wortwahl
Satzbau: vorwiegend einfacher Satzbau
Sprachebene: Umgangssprache, Jugendsprache
sprachliche Besonderheiten: Schimpfwörter

Lösungen Seite 26

Aufgabe 4 EXTRA:

äußeres Erscheinungsbild: verdreckt, barfuß, schmutzige Beine bis zum Knie, trägt hochgekrempelte Army-Hose & versifftes T-Shirt, schmale Augen, wulstige Lippen, platte Nase, wirre Haare, trägt Holzkiste mit sich, riecht schlecht
Alter: in Maiks & Tschicks Alter
Sprache: benutzt Schimpfwörter
Verhalten: anhänglich, schlagfertig, redet pausenlos
Lebensumstände: ist obdachlos, hielt sich auf einer Müllkippe auf
Vergangenheit:
innere Haltung: ihr Traum wäre es, eine Quizsendung zu moderieren
Beziehung zu anderen Figuren: hat eine Cousine beim Fernsehen, hat eine Halbschwester in Prag

Aufgabe 6 PLUS: *individuelle Schülerlösung*

Lösungen Seite 27

Aufgabe 1:

retten → die Rettung	feige → die Feigheit
üben → die Übung	geheim → das Geheimnis
tapfer → die Tapferkeit	abhängig → die Abhängigkeit
unsicher → die Unsicherheit	bereit → die Bereitschaft
ereignen → das Ereignis	gesund → die Gesundheit
wagen → das Wagnis	krank → die Krankheit
beziehen → die Beziehung	erinnern → die Erinnerung
rein → die Reinheit	brauchen → das Brauchtum
erkennen → die Erkenntnis	schließen → die Schließung

Aufgabe 2: (Beispiellösung)

alles Gute, nichts Neues, viel Schönes, wenig Interessantes, etwas Besseres, nichts Wissenswertes, nichts Essbares, viel Geheimnisvolles

Aufgabe 3: (Beispiellösung)

beim Lesen, im Schlafen, zum Mitnehmen, am Rechnen, im Sitzen, im Liegen, beim Singen, ins Träumen

Lösungen Seite 28

Aufgabe 4:

laut lachen → das laute Lachen
geduldig warten → das geduldige Warten
elegant reiten → das elegante Reiten
langsam gehen → das langsame Gehen
deutlich sprechen → das deutliche Sprechen
schnell laufen → das schnelle Laufen
konsequent handeln → das konsequente Handeln
korrekt rechnen → das korrekte Rechnen

Aufgabe 5:

Der Lösungssatz lautet: Nie ohne Seife waschen!

Aufgabe 6:

die Chinesische Mauer, das Wiener Schnitzel, die Bremer Stadtmusikanten, das Münchner Hofbräuhaus, der Dresdner Stollen, die Schwarzwälder Kirschtorte

Lösungen Seite 29

Aufgabe 7:

alt: Testament, Bild/das Alte Testament
still: Moment, Ozean/der Stille Ozean
groß: Bär, Raum/Der Große Bär

Aufgabe 8:

das Russische Ballett, russische Spezialitäten, in der zweiten Klasse, im Zweiten Deutschen Fernsehen, das Römische Reich, die römische Geschichte, die Holsteinische Schweiz, die sächsische Mundart, die Sächsische Schweiz, eine Rote Karte, eine rote Bluse

Aufgabe 9:

abends (Kleinschreibung), morgen (Kleinschreibung), auch: am Morgen, nachts (Kleinschreibung)

Aufgabe 10:

Können die Arbeiten bis zum Samstag, den 05.Januar, abgeschlossen werden?
Am kommenden Freitag, den 26. Februar, um 14:00, muss die Abgabe erfolgen.
Ob das Konzert am Mittwoch, den 09.04., stattfinden kann, bleibt unklar.
Bis zum Dienstag, den 03.09.2021, kann das Buch ausgeliehen werden.

Kapitel 5

Lösungen Seite 30

Aufgabe 2:

- Name und Anschrift, Telefonnummer und E-Mail-Adresse des Absenders
- aktuelles Datum
- Betreff und Bezug
- Anrede
- Bewerbungssatz
- Begründung für die Bewerbung
- Darstellung der augenblicklichen Tätigkeit
- Hinweis auf Vorstellungswunsch
- Grußformel
- handschriftliche Unterschrift, maschinelle Unterschrift
- Anlagenhinweis

Lösungen Seite 31

Aufgabe 3:

Benjamin sollte bei der Begründung für seine Bewerbung auch schreiben, weshalb er sich für diesen Beruf besonders geeignet hält. Er könnte seine Interessen, seine Fähigkeiten und Eigenschaften genauer beschreiben.

Aufgabe 4 EXTRA: (Beispiellösung)

Charaktereigenschaften: aufgeschlossen und kommunikativ; Freude im Umgang mit Menschen; Interesse an fremden Ländern und Kulturen; Lust auf Weiterbildungen im Berufskontext.

Fähigkeiten: Fähigkeit zum Planen und Organisieren (Urlaubsplanung oder Reiseorganisation der Kunden); positives Verhältnis zur Rechtschreibung und Grammatik (für den schriftlichen Austausch mit Kunden und Veranstaltern); gutes mathematisches Verständnis (für die Angebotskalkulation).

persönliche Erfahrungen: Reiseerfahrungen zur Beurteilung sowie zur Unterstützung und Erfüllung von Reiseangeboten; Spaß im Umgang mit IT-Systemen und dem Internet.

Aufgabe 5 PLUS: (Beispiellösung)

Mein Arbeitstag im Reisebüro begann um 10.00 Uhr. Zuerst sollte ich Informationsbroschüren auslegen. Als weitere Aufgabe hatte ich Kataloge ins Regal einzusortieren. Danach musste ich Kundenanfragen am Telefon entgegennehmen. Als Nächstes nahm ich an einem Kundengespräch zur Reisebuchung teil, wobei ich die Wünsche des Kunden notieren sollte. Meine Mittagspause hatte ich von 13.00 bis 13.30 Uhr. Danach bestand meine Aufgabe darin, nach Kundenwünschen ein Reiseangebot (einschließlich Programm) zusammenzustellen Schließlich hatte ich noch ein Formular für eine Buchungsanfrage beim Reiseveranstalter vorzubereiten. Am Ende des Arbeitstages habe ich noch eine Anmeldeliste der Teilnehmer für ein Seminar zur Servicequalität zusammengestellt. Mein Arbeitsschluss war um 18.00 Uhr.

Lösungen Seite 32

Aufgabe 1–3: *individuelle Schülerlösung*

Lösungen Seite 33

Aufgabe 1:

Gärtner/Gärtnerin für Garten- und Landschaftsbau

Durch Parks wird den Menschen die Möglichkeit zum Entspannen geboten.
Außerdem werden durch Grünanlagen Luft und Klima verbessert.
Nicht zuletzt werden durch Parkanlagen Schadstoffe gebunden.
Diese Anlagen werden von Gärtnern und Gärtnerinnen der Fachrichtung Garten- und Landschaftsbau angelegt.
Entworfen werden die Landschaften meist durch Landschaftsarchitekten.

Aufgabe 2:

Parks bieten den Menschen die Möglichkeit zum Entspannen.
Außerdem verbessern sich Luft und Klima durch Grünanlagen.
Nicht zuletzt binden Parkanlagen Schadstoffe.
Gärtner und Gärtnerinnen der Fachrichtung Garten- und Landschaftsbau legen diese Anlagen an.
Meist Landschaftsarchitekten entwerfen die Landschaften.

Aufgabe 3:

a) Von Verkäuferinnen und Verkäufern werden die Kunden beraten.
b) Beim Verkauf werden die Artikel eingescannt.
c) Bei Rabattaktionen werden die vergünstigten Waren und deren Anzahl aufgeschrieben.
d) Neue Waren werden ausgepackt.
e) Danach werden sie ins Verkaufsregal eingeräumt.

Lösungen Seite 34

Aufgabe 4:

Aktiv	Passiv
Ich pflanze die Blumen.	Die Blumen werden gepflanzt.
Die Gärtner trugen Schutzkleidung.	Von den Gärtnern wurde Schutzkleidung getragen.
Sie legen Blumenbeete an.	Blumenbeete werden von ihnen angelegt.
Die Gärtnerin legte den Teich an.	Der Teich wurde von der Gärtnerin angelegt.
Der Gärtner pflegt den Garten.	Der Garten wird von dem Gärtner gepflegt.
Grünanlagen reinigen die Luft.	Durch Grünanlagen wird die Luft gereinigt.
Der Park schafft einen Lebensraum für Pflanzen und Tiere.	Ein Lebensraum für Pflanzen und Tiere wird durch diesen Park geschaffen.
Bäume spenden Sauerstoff.	Durch die Bäume wird Sauerstoff gespendet.
Alle arbeiten eng mit den Gärtnern zusammen.	Von allen wird eng mit den Gärtnern zusammengearbeitet.
Die Landschaftsarchitekten legen die Wege an	Von den Landschaftsarchitekten wurden die Wege angelegt.
Gärten machen Menschen glücklich.	Menschen werden von Gärten glücklich gemacht.

Aufgabe 5:

a) Man kehrt die Wege.
b) Man fing diese Fische.
c) Man las das Buch schon.
d) Man hat die Tische schon gedeckt.
e) Man schrieb viele Bewerbungen.
f) Man hat den Fehler erkannt.
g) Man verteilte die Zeugnisse.

Aufgabe 6:

a) Die Wege wurden mit Natursteinen gepflastert.
b) Die Wasserpflanzen wurden bereits eingesetzt.
c) Die Pflanzung muss sorgfältig geplant werden.
d) Die Gartengeräte sollten gut gepflegt werden.

Lösungen Seite 35

Aufgabe 7:

a) Bäcker und Bäckerinnen stellen verschiedene Brotsorten her.
b) Sie überwachen den gesamten Backprozess.
c) Sie verpacken die frisch gebackenen Brote.
d) Sie reinigen jeden Tag die Backöfen.

Aufgabe 8:

a) Die Backbleche werden von Bäckerinnen und Bäckern gereinigt.
b) Der Mühlenraum wird von ihnen geputzt.
c) Viele Hygienevorschriften müssen von ihnen eingehalten werden.
d) Viel Neues muss von den Praktikanten und Praktikantinnen jeden Tag gelernt werden.

Kapitel 6

Lösungen Seite 36

Aufgabe 1:

A 1; B 3; C 5; D 4; E 2

Lösungen Seite 37

Aufgabe 2: (siehe Tabelle unten)

Aufgabe 3:

a) informierend Text A: Meldung sehr kurz; im Präsens wiedergegeben; Text B: Nachricht, ist etwas länger, nutzt auch Präteritum und Perfekt
b) meinungsäußernd Text C: Kommentar, klare Meinungsäußerung, Verurteilung des Menschen als größter Verschmutzer des Parks, nutzt mehrere Zeitformen; Text E: es wird zur Diskussion gestellt, ob die Wölfe abgeschossen werden dürfen, wenn sie großen Schaden anrichten, damit zwar sehr kurz, aber meinungsäußernd
c) Mischform Text D: hat Züge einer Reportage, nutzt mehrere Zeitformen, informiert und unterhält

Lösungen Seite 38

Aufgabe 2:

a) Teenager haben an Bushaltestellen in London über Nacht einige Plakate bekannter Filme mit anderen Darstellern aufgehängt Anstatt der bekannter Hollywood-Größen prangen auf den Plakaten nämlich Gesichter von unbekannten schwarzen Jugendlichen. Dahinter steckt die „Legally Black“-Bewegung aus dem Süden Londons.
b) Die Bewegung prangert an, dass farbige Menschen in Filmen und anderen Medien unterrepräsentiert sind und oft auch nachteilig dargestellt werden. Darüber soll eine Diskussion in der Öffentlichkeit entfacht werden.
c) Die Jugendlichen sagten, dass es ihnen nicht um die Verunglimpfung von berühmten Filmen gehe. Vielmehr wollten sie darauf aufmerksam machen, dass Rollen von schwarzen Schauspielern meist mit negativen Stereotypen besetzt sind.
d) Neben der Harry-Potter-Reihe und „Titanic“ stellten die jungen Briten auch Plakate von Bridget Jones, James Bond und der Serie „Skins“ nach. Diese sind einfach sehr bekannt und berühmt.

Lösungen Seite 39

Aufgabe 3: (Beispiellösung)

Ich bin der Meinung, dass das eine sehr originelle Idee ist, die zumindest das Bewusstsein der Öffentlichkeit aufrüttelt. Man wird angeregt nachzudenken, weshalb eigentlich die derzeitige Rollenverteilung so ungerecht ist. Es ist ein Schritt in die richtige Richtung.

Aufgabe 4: (Beispiellösung)

Sehr geehrte Damen und Herren,
mit großem Vergnügen habe ich Ihren Artikel über die „Nacht-Aktion“ der „Legally Black“-Bewegung in London gelesen. Ich finde die Idee, in dieser Weise auf schreiende Ungerechtigkeiten in den Medien aufmerksam zu machen, einfach großartig! Steter Tropfen höhlt den Stein! Man sollte doch nicht für möglich halten, dass im 21. Jahrhundert die schwarze Bevölkerung noch so stark benachteiligt wird. Man kann nur hoffen, dass die schwarze Jugend bald aufholt, was ihr vorenthalten wird! Also weiter so auf diesem Weg und sehr viel Zustimmung und Erfolg! …

Artikel	Umfang	Welche W-Fragen werden beantwortet?	Sprache/Zeitform	Autor/Autorin	Woher stammen die Informationen?
A	10 Zeilen	Wer reist wann zu wem wohin, um worüber zu beraten?	Perfekt, Präsens		AP (= Associated Press ist eine Nachrichten- und Presseagentur mit Hauptsitz in New York City, die im Mai 1848 gegründet wurde.)
B	11 Zeilen	Wer hat wen lebenslang aus welchem Grund gesperrt?	Perfekt, Plusquamperfekt, Präteritum,		dpa (= Die Deutsche Presse-Agentur GmbH ist die größte Nachrichtenagentur der Bundesrepublik Deutschland mit Sitz in Hamburg und der Zentralredaktion in Berlin.)
C	17 Zeilen	Welches Problem wird behandelt? Warum werden Menschen als schlimmere Verschmutzer von Parkanlagen (als Krähen), die Ursache allen Übels, bezeichnet?	Präsens	Dr. Elisabeth Krüger, München	Regionalzeitung
D	22 Zeilen	Wo ist von welchen Tieren die Rede? Welche Idee wird vorgestellt?	Präsens, Präteritum, Perfekt, Präsens	André Anwar	Regionalzeitung
E	10 Zeilen	Welche Debatte wird wo warum und wie geführt?	Präsens		Regionalzeitung

Aufgabe 5 EXTRA: (Beispiellösung)
Hallo, Freunde,
ich komme aus Alabama, stamme aber aus Afrika. Eure Idee für die Gleichberechtigung der Schwarzen in den Medien zu werben, finde ich klasse. So etwas habe ich noch nicht gesehen! Wenn ich wieder in Amerika zurück bin, werde ich meinen Mitschülerinnen und Mitschülern von dieser Aktion berichten. Ich habe eine Menge Fotos gemacht. Vielleicht kann ich meine Freunde begeistern, etwas Ähnliches zu tun. Schließlich muss man doch etwas gegen die Ungerechtigkeit tun! Ohne Aktivität ändert sich nichts zum Guten.

Aufgabe 6 PLUS: (Beispiellösung)
Eine grandiose Idee!
Hier ist was los! Immer mehr Menschen stauen sich vor den ungewöhnlichen Filmplakaten mit den ungewöhnlichen Schauspielergesichtern. Wir sind mitten im Zentrum von London, vor dem Odeon Leicester Square. Da ist die Ankündigung des Science-Fiction-Abenteuers „Detroit: Become Human". Aber anstelle des bekannten Clancy Brown lacht uns auf dem Filmplakat ein flotter farbiger junger Mann entgegen. Die Rolle von Lance ist nicht mit dem berühmten Lance Henriksen, die von North nicht mit der populären Minka Kelly besetzt, jedenfalls laut Plakat nicht, sondern mit unbekannten farbigen Menschen. Auch die Reklame vieler anderer prominenter Filme ist verändert. Anstatt der Konterfeis bekannter Hollywood-Größen prangen auf den Plakaten Gesichter von unbekannten farbigen Menschen.
Was ist hier geschehen? Was auf den ersten Blick nach einem neuen Streifen der magischen Harry-Potter-Reihe oder einer Neuauflage des Films „Titanic" aussieht, hat eine tiefere Bedeutung. Ich habe mich schlaugemacht: Dahinter stecke, so hat man mir erklärt, die „Legally Black"-Bewegung aus dem Süden Londons, die mit ihrer Plakataktion anprangern will, wie farbige Menschen in Filmen und anderen Medien dargestellt werden. Neben der Harry-Potter-Reihe und „Titanic" haben die jungen Briten auch Plakate von Bridget Jones, James Bond und der Serie „Skins" nachgestellt und mit farbigen Schauspielerinnen und Schauspielern besetzt. Posen und Blicke wurden dabei stilecht übernommen … Es ist schon beeindruckend, was die jungen Leute auf die Beine gestellt haben!
Ich habe mit einigen Zuschauern gesprochen. Die allermeisten begrüßen diese Aktion für die Gleichberechtigung sehr, sie diskutieren über die nicht zu verstehende Ungleichbehandlung und auch darüber, was man noch tun könnte. Damit ist schon ein erstes Ziel der Unternehmung erreicht. Steter Tropfen höhlt den Stein …

Lösungen Seite 40

Aufgabe 1 und 3:
Zur Fußball-WM fällt das Public Viewing in Tettnang aus
Die Fußball-WM rückt näher. Das Public Viewing auf dem Bärenplatz fällt indes aus – anders als bei Meisterschaften der vergangenen Jahre. Hintergrund ist die Entscheidung der Stadt, den Platz nicht zu sperren. […]
So argumentiert die Verwaltung: In der Vergangenheit sei lediglich die Einfahrt zur Montfortstraße gesperrt gewesen. […] Die Stadt könne das nach heutigem Stand nicht mehr vertreten. Es gebe eine grundlegend veränderte Sicherheitslage im Zusammenhang mit den Anschlägen in den letzten Jahren, wie Judith Maier, Sprecherin der Stadt Tettnang, erklärt. Der Bärenplatz müsse dementsprechend komplett gesperrt werden. […] Die Sperrung sei aus Sicherheitsgründen gegeben. […]
Ulrike Schühle vom Hotel Torstuben findet deutliche Worte für die Entscheidung: „Ich bin sehr enttäuscht über die Absage der Stadt und denke, vielen Tettnangern wird es ähnlich gehen." […] Auch City-Wirt Silvio Klinger kann die Entscheidung nicht nachvollziehen: „Das Public Viewing am Bärenplatz ist doch mittlerweile zum Kulturgut geworden. Da ist doch auch immer eine tolle Atmosphäre gewesen." […]
„Wir haben nicht generell etwas gegen ein Public Viewing", sagt Maier. Schließlich seien in der Vergangenheit ja auch immer Stadtbedienstete dort gewesen. […] Die Schwierigkeit am Bärenplatz sei, dass dieser sich direkt an der Hauptstraße befinde. Die Stadt gebe sich ab den Viertelfinalspielen trotzdem auch an diesem Ort gesprächsbereit, so Maier.

Aufgabe 2:
- So argumentiert die Verwaltung: „In der Vergangenheit ist lediglich die Einfahrt zur Montfortstraße gesperrt gewesen. […] Die Stadt kann das nach heutigem Stand nicht mehr vertreten."
- „Es gibt eine grundlegend veränderte Sicherheitslage im Zusammenhang mit den Anschlägen in den letzten Jahren", erklärt Judith Maier, Sprecherin der Stadt Tettnang.
- „Der Bärenplatz muss dementsprechend komplett gesperrt werden."
- „Die Sperrung ist aus Sicherheitsgründen gegeben."
- „Schließlich sind in der Vergangenheit ja auch immer Stadtbedienstete dort gewesen."
- „Die Schwierigkeit am Bärenplatz ist, dass dieser sich direkt an der Hauptstraße befindet. Die Stadt gibt sich ab den Viertelfinalspielen trotzdem auch an diesem Ort gesprächsbereit", so Maier.

Lösungen Seite 41

Aufgabe 3:
- Ulrike Schühle vom Hotel Torstuben sei sehr enttäuscht über die Absage der Stadt und denke, vielen Tettnangern wird es ähnlich gehen.
- Auch City-Wirt Silvio Klinger kann die Entscheidung nicht nachvollziehen, da das Public Viewing am Bärenplatz doch mittlerweile zum Kulturgut geworden sei. Da sei doch auch immer eine tolle Atmosphäre gewesen.
- Man habe nicht generell etwas gegen ein Public Viewing, sagt Maier.

Aufgabe 4:
Klara meinte, sie habe lange keine Zeitung mehr gelesen.
Yussuf rief, er lese immer die Online-Ausgaben.
Medina sagte, sie überfliege meist nur die Überschriften.
Frederik gab zu, er lese nur den Sportteil.
Julia gab zu, sie interessiere sich nicht fürs Zeitungslesen.

Aufgabe 5:
a) Medina findet: „Das Interessanteste sind die Überschriften."
b) Leo ärgert sich: „Printzeitungen sind so unhandlich!"
c) Julia fragt sich: „Wie viele junge Menschen lesen wohl noch Zeitungen?"

Kapitel 7

Lösungen Seite 43

Aufgabe 2: (Beispiellösung)
a) Weil neben der Technik im Handy auch das Handynetz entwickelt werden musste. Das funktionierte nicht.
b) Nein, er ist davon ausgegangen, dass irgendwann alle ein Handy haben würden.
c) Er wolle es Leuten, die viel unterwegs sind, ermöglichen, jederzeit erreichbar zu sein und dadurch Zeit zu sparen.
d) Cooper denkt, dass die Industrie den Fokus lieber auf die Nutzerfreundlichkeit legen sollte, nicht auf die Hardware.
e) Er sagt, dass Mobiltelefone auch die Medizin revolutionieren werden, weil man Vorgänge im Körper direkt messen kann. Mobiltelefone werden durch Körperenergie angetrieben werden.

Aufgabe 3: (Beispiellösung)
Es ging vor allem um die Entwicklung von Mobiltelefonen in der Vergangenheit und in der Zukunft. Ich habe nichts über die Person Cooper erfahren.

Aufgabe 4 EXTRA: *individuelle Schülerlösung*

Aufgabe 5 PLUS: *individuelle Schülerlösung*

deutsch.kombi plus 8 Arbeitsheft Sachsen 978-3-12-313644-3

Lösungen Seite 44

Aufgabe 2 EXTRA: *individuelle Schülerlösung*
Aufgabe 3 PLUS: (Beispiellösung)
Wie sehen die Smartphones der Zukunft aus?
Das Smartphone von morgen ist biegsam, wasserdicht, zusammenrollbar und hat einen Super-Akku. In Forschungslaboren gibt es solche Modelle schon.
Wird es weitere Neuerungen geben?
Natürlich wird mit Hochdruck an weiteren Neuerungen gearbeitet. Ein Trend werden sogenannte wearables sein. Das sind intelligente Kleidungsstücke. Google und Levis entwickeln zum Beispiel gerade eine Jacke, die einen touch-empfindlichen Ärmel besitzt. Damit könnte man zum Beispiel auf dem Fahrrad ein Smartphone bedienen. Außerdem wird man bald mit Gesichtserkennung bezahlen können.
Welche Ziele haben diese Neuerungen?
Das übergeordnete Ziel ist die Erleichterung unseres Alltags. In Zukunft wird es beispielsweise möglich sein, beim Einkauf die Frische der Ware zu bestimmen und über eine exakte Standortbestimmung alle Produkte im Supermarkt sofort zu finden.
Verschwimmt damit nicht immer die Grenze zwischen Realität und virtueller Welt?
Auf jeden Fall. Die sogenannte *Virtual Reality* oder *Mixed Reality* beschreibt genau das. Wenn es möglich ist, den Gesprächspartner/die Gesprächspartnerin oder ein Produkt im Smartphone in 3D zu betrachten, wird diese Grenze noch mehr verschwimmen.
Vielen Dank für das Gespräch.

Lösungen Seite 45

Aufgabe 1:
ai
wie **ä** gesprochen: fair, Palais, Necessaire, Mayonnaise, Refrain, Renaissance, Saison
wie **ei** gesprochen: Baikalsee, Kai, Kain, Laie, Kairo, Balalaika, Ukraine, Taifun, Hai
wie **a/i** gesprochen: naiv, Mosaik, Sinai, Kokain
y
wie **ü** gesprochen: Analyse, Asyl, Dynamit, Hymne, Olymp, Lyrik, Typ, Tyrann, Rhythmus, Typhus, Zylinder, Lyon, anonym
wie **i** gesprochen: Baby, City, Pony, Sydney, Rowdy
ie
wie **i** gesprochen: Demokratie, Dynastie, Bürokratie, Infanterie, Genie
wie **i/e** gesprochen: Arterie, Bakterie, Komödie, Materie
ier
wie **ier** gesprochen: Turnier, Polier, Scharnier
wie **je** gesprochen: Atelier, Bankier, Rentier, Collier, Hotelier

Lösungen Seite 46

Aufgabe 2: (Beispiellösung)

Wirtschaft und Technik	Speisen und Getränke	Gesundheit und Sport
Abfall-Container, Automation, Börsen-Crash, Dumping-Löhne, Fracking, Non-Profit-Unternehmen	Cornflakes, Curry, Dinner, Finger-Food, Flips, Lunchpaket, Power-Riegel	American Football, Ausdauer-Training, Body-Mass-Index, Champions League, Computertomografie (CT), Inlineskating
Computer und Internet	**Musik, Kunst und Mode**	**Bildung und Freizeit**
Audio-Guide, Blog, Chat, Code-Wort, Computer-Virus, Cookies, Cursor Cyber-Angriff, E-Mail, Fake News, Flatrate, Laptop, Mobilfunknetz, Software	Action-Film, Background-Sänger, Conditioner, Deo-Spray, Designer-Mode, Eyeliner, Haar-Spray, Longshirt, Outfit	Comic, E-Book, Event-Manager, Flipchart, Poetry-Slam

Aufgabe 3: *individuelle Schülerlösung*

Lösungen Seite 47

Aufgabe 1:

u.a. - unter anderem	evtl. - eventuell
u.U. - unter Umständen	m.E. - meines Erachtens
mm - Millimeter	s.u. - siehe unten
s.o. - siehe oben	i.A. - im Auftrag
ggf. - gegebenenfalls	AG - Arbeitsgemeinschaft oder Aktiengesellschaft
u.Ä. - und Ähnliches	Jg. - Jahrgang
g - gramm	v.a. - vor allem

Aufgabe 2:
Trabi - Trabant; Touri - Tourist; LKW - Lastkraftwagen; Prof - Professor/-in; OP - Operation; Kita - Kindertagesstätte
Aufgabe 3:
Stadtbahn, Kilometer, Lokomotive, Universität, Regionalbahn, beziehungsweise
Lösungswort: Unimog (Akronym für *Universal-Motor-Gerät*) = eine Art Kleinlaster für unwegsames Gelände, wurde von Mercedes Benz entwickelt.
Aufgabe 4: *individuelle Schülerlösung*

Kapitel 8

Lösungen Seite 48

Aufgabe 1: (Beispiellösung)
A Aussageabsicht: Argumentieren: Pro- und Kontra-Argumente zum Glücklichsein gegenüberstellen
Begründung: Wissenschaftler und Ökonomen auf der ganzen Welt sind sich mittlerweile einig, dass mehr Geld ab einer gewissen Schwelle nicht zufriedener und glücklicher macht. Dagegen steht aber das Argument, dass man sich durch mehr Geld Zeit kaufen kann, indem man Hilfsdienste erkauft. Mehr Zeit im Leben macht aber nachweislich doch zufriedener und glücklicher als Zeitnot und Stress.
B Aussageabsicht: Informieren: Fakten nennen, erstaunliche Sachverhalte beschreiben
Begründung: Beobachten der Armut und Perspektivlosigkeit in Bulgarien, Beschreibung einer Frau auf dem Land in Bulgarien, die aber glücklich ist, weil sie Natur, Stille, saubere Luft und genug zu essen hat
C Aussageabsicht: Appellieren, nicht das ganze Leben dem Geld und der Karriere unterzuordnen
Begründung: Werbung dafür, mit einer positiven Einstellung und viel Kreativität zu versuchen, eine prekäre Situation als Chance zu nutzen, denn auf der Jagd nach Geld und Karriere können leicht Gesundheit, persönliche Beziehungen und Werte auf der Strecke bleiben.

Lösungen Seite 49

Aufgabe 2: *individuelle Schülerlösung*
Aufgabe 3: (Beispiellösung)
Der Abschnitt beschreibt wissenschaftliche Untersuchungen zur Zufriedenheit und zum Glück der Menschen. Einerseits wurde festgestellt, dass etwas mehr Geld ab einer bestimmten Grenze die Menschen nicht glücklicher macht, weil man sein gewohntes Leben nicht wirklich umstellt. Diese Grenze liegt etwa bei 65 000 Euro.
Allerdings erhöht sich die Zufriedenheit, wenn man mit dem Mehr an Geld zeitraubende und ungeliebte Tätigkeiten und Dienstleistungen, z.B. im Haushalt, gegen Geld von anderen leisten lässt und sich dadurch Freizeit erkauft. Statt Stress und Zeitdruck hat man dadurch mehr Zeit für Erholung und besondere Erlebnisse. Das macht auch glücklicher.
Aufgabe 4: (Beispiellösung)
Macht Geld glücklich?
Ich bin schon der Meinung, dass Geld allein nicht glücklich macht. Zum Glück gehören schon noch einige Dinge mehr zum Glück, zum Beispiel Gesundheit, gute soziale Umstände, Bildungschancen, Freunde, eine Wohnung, genügend zu essen, vor allem jedoch Frieden. Aber wenn man beispielsweise eine Krankheit hat, ist es besser, wenn man mehr Geld hat, damit man sich ärztliche Hilfe und Medikamente leisten kann. Mit anderen Dingen ist es genauso: Mit mehr Geld kann man sich halt mehr leisten, sein Leben schöner und abwechslungsreicher gestalten.

Aufgabe 5 EXTRA: (Beispiellösung)
- Die Frau scheint glücklich, weil sie genug zu essen hat und von unberührter Natur umgeben ist. Sie hat eine total lebensbejahende Lebenseinstellung. Sie scheint auch gesund zu sein und ihre materiellen Bedürfnisse sind sehr, sehr gering. Sie sieht es als großes Glück an, in ihrer Heimat und in einer intakten Natur zu leben. Für sie ist das das „Paradies" (Zeile 9).
- Das Leben der armen Menschen in Bulgarien entspricht nicht im Geringsten den Bedürfnissen der deutschen Backpacker. Sie haben in ihrem Land ganz andere Gewohnheiten und Bedürfnisse und könnten wahrscheinlich in so einem armen Land wirklich nicht leben, ohne erheblichen gesundheitlichen und psychischen Schaden zu nehmen.

Aufgabe 6 PLUS: (Beispiellösung)
- Deutsche Reisende haben bei einem Besuch die Lebensumstände in Bulgarien kennen gelernt und sind zu dem Ergebnis gekommen, dass in diesem Land menschenunwürdige Verhältnisse herrschen. Allerdings wird das von einer Einheimischen bestritten, die mit ihrem Leben zufrieden, ja sogar glücklich ist.
- Die Autorin oder der Autor wollen veranschaulichen, wie unterschiedlich der Anspruch an das Leben ist und abhängig davon auch: das Glücksempfinden. Als Beispiel wird die bittere Armut in Bulgarien gewählt, die konträr der Aussage einer der Bewohnerinnen gegenübersteht, dass sie sehr glücklich sei.
- Für die Verdeutlichung des Kontrastes nutzt die Autorin oder der Autor die wörtliche Aussage des Backpacker-Paares auf der einen Seite („Furchtbar!") und die konkrete Beschreibung sowie die konkrete Aussage der Frau auf der anderen Seite („Die unberührte Natur, die Stille, die saubere Luft, genug zu essen – hier haben wir alles, was wir brauchen! Das ist eben unsere Heimat und unser Paradies!" Diese Schilderung ist sehr beeindruckend und bewundernswert. Man kommt ins Grübeln, was man wirklich braucht und was nicht.

Lösungen Seite 50

Aufgabe 1:

zuhören oder zu hören?

a) Meine Freundin kann gut zuhören.
b) Wenn man ganz leise ist, sind die Vögel gut zu hören.

kalt machen oder kaltmachen?

a) Ich würde den Kartoffelsalat lieber kalt machen.
b) Der Räuber hat gedroht, sein Opfer kaltzumachen.

zulegen oder zu legen?

a) Er hat durch die Sportverletzung etwas zugelegt.
b) Beim Kartenspiel versuche ich eine Reihe zu legen.

zustellen oder zu stellen?

a) Mein Zimmer ist ziemlich zugestellt.
b) Der Kommissar versucht den Täter/die Täterin zu stellen.

Aufgabe 2: (Beispiellösung)

Es ist mir leider etwas dazwischengekommen.
Ich muss noch meine kleine Schwester heimbringen.
Die Wegbeschreibung kann irreführen.
Es fällt mir schwer kopfzurechnen.
Mit meinen Freunden wettzulaufen, macht mir Spaß.

Lösungen Seite 51

Aufgabe 3: (Beispiellösung)

Seit Corona gehen wir sehr oft spazieren.
Gegen schlechte Laune hilft es, Kuchen zu backen.
Rad fahren ist gesund.
Wir lieben es, im Sommer schwimmen zu gehen.
Meine Freunde und ich gehen gerne Pizza essen.
Es war schwer, Ski laufen zu lernen.
Der Stress kann mir gestohlen bleiben.

Aufgabe 4:

wolkenlos, Mund-zu-Mund-Beatmung, ultramodern, Kaffee-Ersatz, sorgenfrei, 25-Jähriger, Klimaanlage, superleicht, Midlife-Crisis, Fahrkartenschalter, Top-Platzierung

Aufgabe 5: individuelle Schülerlösung

Kapitel 9

Lösungen Seite 53

Aufgabe 2:

a) Es geht um eine vergiftete Suppe. Zwei Damen haben einen Koch vergiftet.
b) Die Handlung spielt in einem Restaurant.
c) Der Koch ist das Opfer. Tatwaffe: eine Suppe
d) Die Damen steigen lachend in ein Taxi.
e) Die beiden Damen waren die Täterinnen.

Aufgabe 3:

Krimimerkmale	Krimi „Das letzte Süppchen"
Tat	Vergiftung
Opfer	Koch
Tatort	Restaurant
Tatzeit	Mittag oder Abendessen
Ermittler/in	?
Spuren	?
Tatwaffe	Suppe
Tatmotiv	?
Tatverdächtige/r	Koch
Täter/in	Damen

Aufgabe 4: (Beispiellösung)

Ich denke, dass die beiden Damen die Suppe vergiftet haben. Dem Koch wird so schlecht, dass er ins Krankenhaus muss. Dort wird ihm der Magen ausgepumpt. Es wird festgestellt, dass er vergiftet wurde.
Begründung: Die Damen täuschen vor, dass etwas mit der Suppe nicht stimmt, damit der Koch sie kostet. Dann verlassen sie schnell das Restaurant und steigen fröhlich in ein Taxi.

Lösungen Seite 54

Aufgabe 1: (Beispiellösung)

Vermutung: Miranda und ihr Freund haben sich gestritten. Er hat sie dabei mit einem Eispick getötet. Weil er nicht wusste, wo er die Leiche entsorgen soll, hat er sie in die Tiefkühltruhe gelegt. Jetzt öffnet er jeden Tag einmal die Kühltruhe, um nach seiner Freundin zu sehen.

Aufgabe 2 EXTRA: individuelle Schülerlösung

Aufgabe 3 PLUS: individuelle Schülerlösung

Lösungen Seite 55

Aufgabe 1:

a) Der Detektiv sammelt die Spuren. Indikativ/Wirklichkeit
b) Wäre die Polizei schneller vor Ort gewesen, hätte sie den Täter geschnappt. Konjunktiv/Möglichkeit
c) Versteck dich! Imperativ/Aufforderung
d) Die Spurensicherung hätte sorgfältiger arbeiten sollen. Konjunktiv/Möglichkeit
e) Die Beute ist viel wert. Indikativ/Wirklichkeit
f) Einige Zeugen haben das Verbrechen beobachtet. Indikativ/Wirklichkeit
g) Sei vorsichtig! Imperativ/Aufforderung

Aufgabe 2:

Verbform im Indikativ	Verbform im Konjunktiv
sie ermittelt, sie suchen, er verhört, ihr sprecht, er muss, es geschieht, ich brauche, wir sehen	sie ermittle, sie suchten, er verhörte, ihr sprächt, er müsste, es geschähe, ich bräuchte, wir sähe

Aufgabe 3: (Beispiellösung)

Antworte bitte auf meine Frage!
Suche bitte deine Hausaufgaben!
Finde heraus, wer mir die Blumen geschickt hat!
Lauf weg, wenn du Angst hast!
Beobachte den Räuber ganz genau!
Befrage die Unfallzeugen!

deutsch.kombi plus 8 Arbeitsheft Sachsen 978-3-12-313644-3

Lösungen Seite 56

Aufgabe 4:

	sollen	müssen	dürfen	können	wollen
ich	soll	muss	darf	kann	will
du	sollst	musst	darfst	kannst	willst
er, sie, es	soll	muss	darf	kann	will
wir	sollen	müssen	dürfen	können	wollen
ihr	sollt	müsst	dürft	könnt	wollt
sie	sollen	müssen	dürfen	können	wollen
Sie	sollen	müssen	dürfen	können	wollen

Aufgabe 5:

	sollen	müssen	dürfen	können	wollen
ich	sollte	musste	durfte	konnte	wollte
du	solltest	musstest	durftest	konntest	wolltest
er, sie, es	sollte	musste	durfte	konnte	wollte
wir	sollten	mussten	duften	konnten	wollten
ihr	solltet	musstet	durftet	konntet	wolltet
sie	sollten	mussten	durften	konnten	wollten
Sie	sollten	mussten	durften	konnten	wollten

Aufgabe 6:

a) Ich (wollen) wollte es nicht glauben.
b) Sie (müssen) musste sehr viel lernen.
c) Allmählich (können) konnte ich es immer besser.
d) Wir (dürfen) durften keine Fehler machen.
e) Du (sollen) solltest vorsichtig sein.
f) Er (müssen) musste wieder ganz von vorne anfangen.
g) Es (dürfen) durfte einfach nicht geschehen.
h) Sie (sollen) sollte sehr gründlich arbeiten.

Lösungen Seite 57

Aufgabe 7: (Beispiellösung)

a) Können Sie mir sagen, wo der Zeuge ist?
b) Möchtest du dich lieber ausruhen?
c) Können Sie mir den Weg zeigen?
d) Musst du immer stören!
e) Darf ich Sie mal kurz stören?
f) Willst du es mal ausprobieren?

Aufgabe 8: *individuelle Schülerlösung*
Aufgabe 9: *individuelle Schülerlösung*

Kapitel 10

Lösungen Seite 58

Aufgabe 2:

Strophe 1: Die Enge der Straßen und Häuser wirkt abschnürend.
Strophe 2: In den öffentlichen Verkehrsmitteln herrscht beengende, erzwungene Nähe.
Strophe 3: In den hellhörigen Wohnungen gibt es keine Rückzugsmöglichkeit.
Strophe 4: Der einzelne Mensch fühlt sich allein und isoliert.

Aufgabe 3:

Isolation, Reizüberflutung, Anonymität

Aufgabe 4:

	Strophe 1	Strophe 2	Strophe 3	Strophe 4
Anzahl der Verse	4	4	3	3
Beispiel für einen Vergleich	Z. 1 (wie Löcher), Z. 4 (wie Gewürgte)	–	Z. 9 (wie Haut), Z. 11 (wie Gegröhle)	Z. 12 (wie stumm …)
Reimschema	abba	abba	–	–
verwendete Adjektive	drängend, dicht, grau, geschwollen	dicht, eng	dünn	stumm, unberührt, ungeschaut, fern

Lösungen Seite 59

Aufgabe 5 EXTRA:

Wortwahl: Verwendung von Wortfeldern zum Thema „Stadt", Verwendung von vielfältigen Wortarten, Verwendung von Adjektiven, die das Beengtsein beschreiben,
Stilmittel: Verwendung von mindestens drei Vergleichen
Form: zweimalige Verwendung des umarmenden Reims (abba), Das Gedicht besteht aus vier Strophen

Aufgabe 6 PLUS: *individuelle Schülerlösung*

Lösungen Seite 60

Aufgabe 1: *individuelle Schülerlösung*

Aufgabe 2:

Bayrisch, Schwäbisch, Plattdeutsch, Sächsisch

Aufgabe 3: *individuelle Schülerlösung*

Lösungen Seite 61

Aufgabe 4 EXTRA:

(1) Scheibe Brot, belegtes Brot, (2) Hitze, Schwüle, (3) verspotten, (4) Dickkopf, (5) Marienkäfer, (6) Brotkanten, Endstück, (7) Führerschein, (8) eingeschnappt sein, (9) Sportschuhe, (10) großartig, pompös

Aufgabe 5 PLUS:

a) „Jetzt trinken wir etwas und essen ein belegtes Brot."
b) „Willst du mich auf den Arm nehmen? Das ist doch eine Schwindelei."
c) „Du bist ein ziemlicher Dickkopf!"
d) „Schau, die vielen Marienkäfer!"
e) „Doch, das ist großartig!"

Lösungen Seite 62

Aufgabe 2:

Substantive: Grün, Saat, Regen, Hügel, Flucht, Krähen, Dorngebüsch, Schlucht, Wölkchen, Berge, See, Blau, Regen, Silberschleier
Präpositionen: von, an, in, zu, auf, in, auf
Adjektive: feucht, weit, niedrer, große, braunem, grüner, stillen, feiner, dünn, grau
Artikel: das, der, der, die, dem, die ein
Verben: flattern, aufgescheucht, zieht, steht, ruhn, niedergeht, zitternd
Numerale: erste, Zwei, ein
Pronomen: sich
Adverbien: hin
Konjunktionen: Wie, so, wie, und

Lösungen Seite 63

Aufgabe 3:

morgens: Substantive – Adverb, gerne: Adjektive – Adverb, getrennt: Adverbien – Verb, erlauben: Modalverben – Verb, denn: Präpositionen – Konjunktion

Aufgabe 4:

weit – eng, erste – letzte, fein – grob, still – laut, feucht – trocken

Aufgabe 5:

Farben, Vögel, Zahlen, Bäume, Jahreszeiten

Aufgabe 6:

flattern/baumeln: das flatternde Laub/der baumelnde Ast
Schlucht/Abgrund: die tiefe Schlucht/der steile Abgrund
Regen/Niederschlag: der prasselnde Regen/der starke Niederschlag
Berg/Hügel: die sanften Hügel/die schroffen Berge
Meer/See: das blaue Meer/der tiefe See

Kapitel 11

Lösungen Seite 64

Aufgabe 2:

a) Herkunft; falsch
b) Ausbildung; richtig
c) Beruf; beides
d) schriftstellerischer Beginn; 1912
e) Werk; Verwendung von Farbadjektiven, ungewöhnliche Wortverwendungen, reimloser Vers- und Strophenaufbau
f) literaturgeschichtliche Einordnung; Frühexpressionismus
g) Rolle im Ersten Weltkrieg; an der Ostfront mit einer Sanitätsabteilung

Lösungen Seite 65

Aufgabe 3:

1887	geboren in Salzburg
1908–1910	Apothekerpraktikum 1908–1910 in Wien
1912	tritt als Apotheker in den Militärdienst ein
1913	erschien der Band *Gedichte*
1914	stirbt an einer Überdosis in Krakau

Lösungen Seite 66

Aufgabe 4 EXTRA: (Beispiellösung)
Georg Trakl (1887–1914) war als Apotheker Zeuge der Schlacht von Grodek, bei der er über 90 Schwerverwundete fast hilflos versorgen musste. Dieser blutige Eindruck von der Schlacht und seine Ohnmacht sollen ihn zu dem Gedicht angeregt und in den Selbstmord getrieben haben.
Aufgabe 5 PLUS: (Beispiellösung)
Georg Trakl kann als Vertreter des Expressionismus verstanden werden, da er eines der wichtigsten Themen, den Krieg, aufgreift und mit drastischen, verstörenden Bildern darstellt (z. B. schwarze Verwesung (Z. 10)) und viele Adjektive wie z. B. tödlich, düster, blutig verwendet.

Lösungen Seite 67

Aufgabe 2:
Richtige Reihenfolge für ein Referat wäre Einleitung, Herkunft/Familie, Ausbildung, schriftstellerischer Beginn, Werke, literaturgeschichtliche Einordnung, Schluss.
Aufgabe 3–5: *individuelle Schülerlösung*

Lösungen Seite 68

Aufgabe 2:

Grundform	Präsens	Perfekt	Präteritum	Plusquamperfekt	Futur
sein	ist	ist gewesen	war	war gewesen	wird sein
gehören	gehört	hat gehört	gehörte	hatte gehört	wird gehören
wissen	weiß	hat gewusst	wusste	hatte gewusst	wird wissen
erleiden	erleidet	hat erlitten	erlitt	hatte erlitten	wird erleiden
erscheinen	erscheint	ist erschienen	erschien	war erschienen	wird erscheinen
enthalten	enthält	hat enthalten	enthielt	hatte enthalten	wird enthalten

Lösungen Seite 69

Aufgabe 3:
Zeitstufe Vergangenheit: c (Perfekt), d (Präteritum), e (Plusquamperfekt); Zeitstufe Gegenwart: a (Präsens), b (Präsens); Zeitstufe Zukunft: f (Futur)
Aufgabe 4:
a) sie faszinieren → Zeitstufe Zukunft
b) pendelt → Zeitstufe Gegenwart
c) überwiegen → Zeitstufe Gegenwart
d) schreibt → Zeitstufe Vergangenheit
e) erschien → Zeitstufe Vergangenheit
Aufgabe 5:
verbrachte, hatte besucht, galt, erreichte/erreicht hatte, beendete

○ **2** Beantworte die folgenden Fragen zum Interview.

a Warum dauerte es nach dem ersten erfolgreichen Anruf mit einem Mobiltelefon zehn Jahre, bevor das erste Handy auf den Markt kam?

b War Martin Cooper überrascht, dass seine Erfindung ein solcher Erfolg werden würde?

c Was, glaubst du, war Coopers Anliegen mit der Erfindung eines kabellosen Telefons?

d Welche Auffassung vertritt Cooper bezüglich der Weiterentwicklung der Handytechnik?

e Was sagt Cooper über die Zukunft des Mobiltelefons?

◒ **3** Worum ging es vor allem in dem Interview? Worüber hast du nichts erfahren?

◒ **4** **EXTRA** Was würdest du gern von Martin Cooper wissen? Notiere mindestens drei Fragen.

◒ **5** **PLUS** Stelle Vermutungen an, warum Martin Cooper nicht so bekannt ist wie andere Erfinder.

 deutsch.kombi plus 8, S. 146/147

Nichts ist unmöglich

1 Lies den Text über aktuelle Entwicklungen der Kommunikationstechnologie.

In den Forschungslaboren liegt bereits heute das Smartphone von morgen: Es ist biegsam, wasserdicht, besitzt den Super-Akku und lässt sich zusammenrollen.
Alle Innovationen zielen auf die Erleichterung und Vereinfachung unseres Alltags ab. So könnte ein eingebautes Mini-Spektrometer[1], das die Zusammensetzung von Gasen und Flüssigkeiten optisch analysiert, beim Einkauf von Lebensmitteln Aufschluss über die Qualität der Ware geben. Barometer[2] in Smartphones sollen den Standort präzise bis auf fünf Zentimeter genau erfassen und beispielsweise Kunden im Laden zielgenau zu den gesuchten Produkten führen. Auch sogenannte *wearables*[3] sind vielleicht bald keine Zukunft mehr: Google und Levi's entwickelten eine Jacke, die einen berührungsempfindlichen Ärmel besitzt. Eine in den Jackenstoff gewobene Spezialfaser ermöglicht es so, z. B. auf dem Fahrrad ein Smartphone zu bedienen, ohne auf einen Bildschirm sehen zu müssen.
All diese technischen Entwicklungen ermöglichen eine Umstellung der Interaktionsform von Sprache hin zu Gesten und intuitiven Handlungen. Eingabesysteme, die die Gesten übersetzen, lassen sich in Form eines winzigen Radar-Sensors in Mikrochip-Größe in alle möglichen Geräte wie Smartwatches oder Auto-Lenkräder integrieren.
Ist damit das Gerät an sich bald Vergangenheit? Identifikations-Ringe z. B. ermöglichen die automatische Anmeldung bei Webdiensten, sodass private Daten unabhängig vom Gerät stets nutzbar sind. Auch Bezahlen über Gesichtserkennung ist in der Forschung bereits möglich: Man verlässt mit den Waren das Geschäft und die Bezahlung erfolgt unmerklich über Scannen des Gesichts und den Abgleich hinterlegter Daten.
Virtual Reality und Mixed Reality[4] sind Schlagworte in den Zukunftsszenarien und erlauben ebenfalls neue Formen der Interaktion. Chinesische Hersteller entwickelten ein System, das holographische Darstellungen ermöglicht, Inhalte also räumlich darstellbar macht. Damit kann der Gesprächspartner am Handy in 3D dargestellt werden, Spiele und Videos werden lebendiger und beim Online-Shopping hat man das Produkt noch besser vor Augen.

1 Mini-Spektrometer: Gerät zur Darstellung elektromagnetischer Wellen
2 Barometer: Gerät zur Messung des Luftdrucks
3 wearables/wearable computing (engl. tragbare Datenverarbeitung): Forschungsgebiet zur Entwicklung tragbarer Computersysteme
4 Virtual Reality/Mixed Reality: reelle Welt und virtuelle Realität werden vermischt

21 **2** **EXTRA** Stell dir vor, du könntest einen Zukunftsforscher zur Zukunft des Handys interviewen. Welche Fragen würdest du ihm nach dem Lesen des Textes stellen? Gehe so vor:
- Lege Cluster zu Themen an, die dich interessieren, z. B. Einfluss auf Mensch und Umwelt, Veränderung der Kommunikation, technische Voraussetzungen, …
- Überlege dir nun konkrete Fragen zu den unterschiedlichen Themen.
- Ordne deine Fragen noch einmal nach Themenbereichen und bringe sie in eine sinnvolle Reihenfolge.

22 **3** **PLUS** Schreibe den Informationstext in Aufgabe 1 in ein Interview um. Gehe so vor:
- Ordne den Informationstext nach Themenbereichen.
- Schreibe alle Informationen, die zu einem Themenbereich gehören, heraus.
- Sortiere die Informationen innerhalb eines Themenbereiches nach einer zeitlichen und logischen Reihenfolge.
- Formuliere zu den Informationen passende Interviewfragen.

deutsch.kombi plus 8, S. 148/149

Fremde Sprachen

1 Viele Fremdwörter werden anders geschrieben als gesprochen. Sieh dir die Beispiele an und ordne dann die folgenden Wörter zu. Benutze, wenn nötig, ein Wörterbuch. Du kannst auch eigene Wörter ergänzen.

a Schreibung **-ai-**

gesprochen wie **ä**: *fair,* ______

______

gesprochen wie **ei**: *Baikalsee,* ______

______

gesprochen wie **a/i**: *naiv,* ______

______

~~fair~~ – ~~naiv~~ – ~~Baikalsee~~ – Kai – Mayonnaise – Mosaik – Refrain – Laie – Saison – Kokain – Taifun – Hai – Mail

b Schreibung **-y-**

gesprochen wie **ü**: *Analyse,* ______

______

gesprochen wie **i**: *Baby,* ______

______

~~Baby~~ – ~~Analyse~~ – Asyl – City – Hymne – Olymp – Pony – Lyrik – Typ – Tyrann – Rhythmus – Zylinder – anonym

c Schreibung **-ie-**

gesprochen wie **i**: *Demokratie,* ______

______

gesprochen wie **i/e**: *Arterie,* ______

______

~~Demokratie~~ – ~~Arterie~~ – Bakterien – Komödie – Materie – Bürokratie – Genie

d Schreibung **-ier**

gesprochen wie **ier**: *Turnier,* ______

gesprochen wie **je**: *Atelier,* ______

~~Turnier~~ – Papier – ~~Atelier~~ – Rentier – Polier – Revier

2 Ordne die folgenden englischen Begriffe in die Tabelle ein. Nutze, wenn nötig, ein Wörterbuch. Einige Begriffe kannst du mehrfach zuordnen.

Wirtschaft und Technik	Speisen und Getränke	Gesundheit und Sport
Computer und Internet	**Musik, Kunst und Mode**	**Bildung und Freizeit**

Abfall-Container Action-Film American Football Audio-Guide Ausdauer-Training Automation Background-Sänger Blog Body-Mass-Index Börsen-Crash Champions League Chat Code-Wort Comic Computertomografie (CT) Computer-Virus Conditioner Cookies Cornflakes Curry Cursor Cyber-Angriff Deo-Spray Designer-Mode Dinner Dumping-Löhne E-Book E-Mail Eyeliner Event-Manager Fake News Flatrate Finger-Food Flipchart Flips Fracking Haar-Spray Inlineskating Laptop Longshirt Lunchpaket Mobilfunknetz Non-Profit-Unternehmen Outfit Poetry-Slam Power-Riegel Software

3 Wie viele Zusammensetzungen findest du mit folgenden Wörtern? Schreibe auf.

Internet, z. B. *Internet-Adresse, Internetanbieter,* ______________________

____

Job, z. B. *Job-Angebot, Job-Börse,* ______________________

____

Laser, z. B. *Laserdrucker, Laserstrahl,* ______________________

____

Multi, z. B. *Multimedia, Multi-Talent,* ______________________

____

Online, z. B. *Online-Bewerbung, Online-Zeitung,* ______________________

____

 deutsch.kombi plus 8, S. 156/157

Kurz und knapp

23 **1** Schreibe die folgenden im Alltag auftauchenden Abkürzungen vollständig auf. Nutze gegebenenfalls ein Wörterbuch.

u.a. ______________________ i.A. ______________________

evtl. ______________________ ggf. ______________________

u.U. ______________________ AG ______________________

m.E. ______________________ u.Ä. ______________________

mm ______________________ Jg. ______________________

s.u. ______________________ g ______________________

s.o. ______________________ v.a. ______________________

23 **2** Schreibe die folgenden verwendeten Kurzwörter vollständig auf.

Trabi ______________________ OP ______________________

Prof ______________________ LKW ______________________

Touri ______________________ Kita ______________________

23 **3** Schreibe für die folgenden Abkürzungen und Kurzwörter die vollständige Bezeichnung auf. Nutze gegebenenfalls ein Wörterbuch. Die markierten Buchstaben ergeben in der richtigen Reihenfolge ein Lösungswort, das du anschließend erklären solltest. (ä = ae)

TIPP Das Lösungswort passt thematisch zu den Abkürzungen.

S-Bahn

km

Lok

Uni

RE

bzw.

Lösung:

Erklärung: ______________________

23 **4** Sammle Abkürzungen und Kurzwörter, die du häufig beim Schreiben von SMS, von Nachrichten in sozialen Netzwerken oder im Chat verwendest.

____

____

____

Relatives Glück

24 **1** Lies die folgenden drei Sachtexte.
- Ordne sie einer der drei Aussageabsichten zu: Informieren, Appellieren, Argumentieren. Auch Mischformen sind möglich.
- Begründe deine Entscheidung, z. B. mit Textbelegen.

A […] Wissenschaftler und Ökonomen auf der ganzen Welt sind sich mittlerweile einig, dass Geld allein nicht zufrieden macht, zumindest nicht mehr ab einer gewissen Schwelle. Die beiden Wirtschaftsnobelpreisträger Daniel Kahneman und Angus Deaton haben ein jährliches Einkommen von 75 000 Dollar, also umgerechnet etwa 64 000 Euro, als diese Grenze ausgemacht. Bis zu dieser Schwelle macht Geld ihnen zufolge glücklich. Alles, was darüber hinausgeht, hat keinen signifikanten Einfluss mehr auf die Zufriedenheit eines Menschen, da er sich an eine komfortable finanzielle Lage bereits gewöhnt hat und seinen Lebensstil mit jeder Gehaltserhöhung nur noch minimal anpasst.

Forscher der Harvard University und der University of British Columbia haben sich jedoch gefragt, ob das Gleiche gilt, wenn man mit dem verfügbaren Geld anstatt materieller Dinge mehr Zeit erkauft. Sie wollten herausfinden, ob sich die Zufriedenheit eines Menschen erhöht, wenn er Zeitfresser im Alltag von anderen erledigen lässt und die gewonnene Zeit für beliebtere Aktivitäten nutzt. Für ihre Studie haben sie mehr als 6 000 Menschen in den USA, Kanada, Dänemark und den Niederlanden gefragt, wie viel Geld sie monatlich in Dienstleistungen wie Putzhilfen, Gärtner oder Kindermädchen investieren. Gleichzeitig sollten die Befragten angeben, wie zufrieden sie mit ihrem Leben sind und ob sie sich durch Zeitdruck gestresst fühlen. Das Ergebnis: Menschen, die andere für ungeliebte Haushaltstätigkeiten wie Putzen, Waschen oder Kochen bezahlen, sind in der Regel zufriedener mit ihrem Leben, und das unabhängig von ihrem Haushaltseinkommen oder der Zeit, die sie mit Arbeiten verbringen. […] Macht also mehr Geld doch glücklicher, weil man sich davon mehr Freizeit und daraus resultierend mehr aufregende Erlebnisse finanzieren kann? […]

Aussageabsicht: ______________________________

Begründung: ______________________________

B Zu den ärmsten Ländern Europas zählt Bulgarien. Häufig bietet sich Reisenden in ländlichen Regionen ein beklemmendes Bild von verfallenen Dörfern und einem Leben ohne Strom, fließendes Wasser, ärztliche Versorgung. Von einem flächendeckenden und schnellen Internet ist man weit entfernt. „Furchtbar! Man sollte nicht glauben, dass man sich hier in Europa befindet. Überall nur Armut und Perspektivlosigkeit", so staunt ein deutsches Backpacker-Paar. Dennoch finden sich hier Einheimische, die um keinen Preis der Welt wegziehen würden. „Die unberührte Natur, die Stille, die saubere Luft, genug zu essen – hier haben wir alles, was wir brauchen! Das ist eben unsere Heimat und unser Paradies!“, schwärmt die 61-Jährige Danilya.

Aussageabsicht: ______________________________

Begründung: ______________________________

C Mainz (ots) – Arm, aber glücklich: Das sind die drei Protagonisten der Dokumentation „Ohne Moos viel los! – Glücklich ohne Geld“ von Marianne Schaefer-Trench, die das ZDF am Dienstag, 20. April 2010, in seiner Reihe „37°“ ausstrahlt. Wie machen sie das? Wie können sie in einer Welt, die geprägt ist von materiellen Werten, von Konsum und Karrierestreben, ohne Geld ein erfülltes Leben führen?
„37°“ porträtiert den ehemaligen Unternehmensberater Achim (49) aus einem kleinen Dorf bei Heilbronn, die frühere Managerin Katja (38) aus Bonn und die frisch gebackene Architektin Susanne (25) aus Köln bei ihren Versuchen, sich trotz finanzieller Schieflage nicht unterkriegen zu lassen. Mit einer positiven Einstellung und viel Kreativität versuchen sie, ihre prekäre Situation als Chance zu nutzen. Denn alle drei haben erfahren, dass auf der Jagd nach Geld und Karriere leicht Gesundheit, persönliche Beziehungen und Werte auf der Strecke bleiben. [...]

Aussageabsicht: ______________________________

Begründung: ______________________________

2 Lies Text A noch einmal genauer.
- Markiere Sinnabschnitte im Text auf Seite 48/49 und kläre unbekannte Begriffe.
- Notiere die wichtigsten Aussagen jedes Abschnitts und gib den Abschnitten passende Überschriften.

____

____

____

____

3 Fasse den Inhalt von Text A mit deinen Worten zusammen.

4 Schreibe deine Meinung zum Thema „Macht Geld glücklich?“ auf und begründe sie.

5 **EXTRA** Lies Text B noch einmal genauer und beantworte folgende Fragen:
a Was macht die Frau glücklich? Markiere im Text.
b Warum ist das Leben der bulgarischen Frau für die Backpacker „furchtbar“?

25 **6** **PLUS** Lies Text B noch einmal genauer und verfasse den Hauptteil einer Sachtext-beschreibung. Gehe so vor:
- Fasse den Textinhalt zusammen.
- Formuliere die Kernaussage.
- Stelle die Meinung und Absicht der Autorin/des Autors dar, führe Argumente an.
- Erläutere verwendete sprachliche Mittel.

 deutsch.kombi plus 8, S. 164/165

Getrennt oder zusammen?

1 Getrennt oder zusammen? Setze ein.

zuhören oder zu hören?

a *Meine Freundin kann gut* ____________

b *Wenn man ganz leise ist, sind die Vögel gut* ____________

kalt machen oder kaltmachen?

a *Ich würde den Kartoffelsalat lieber* ____________

b *Der Räuber hat gedroht, sein Opfer* ____________

zulegen oder zu legen?

a *Er hat durch die Sportverletzung etwas* ____________

b *Beim Kartenspiel versuche ich eine Reihe* ____________

zustellen oder zu stellen?

a *Mein Zimmer ist ziemlich* ____________

b *Der Kommissar versucht den Täter/die Täterin* ____________

2 Diese Verben werden immer zusammengeschrieben. Bilde mit jedem Verb einen kurzen Satz, zum Beispiel: *Ich werde schnell ungeduldig, wenn man mich maßregelt.*

maßregeln | dazwischenkommen | heimbringen | irreführen | kopfrechnen | wettlaufen

3 Diese Verben werden immer getrennt geschrieben. Bilde mit ihnen jeweils einen kurzen Satz, zum Beispiel: *Wegen der vielen Quallen möchte ich nicht baden gehen.*

ernst nehmen | verloren gehen | gefangen halten | beisammen sein | lesen üben | Halt machen | baden gehen

4 Lies die folgenden Begriffe und übernimm sie in richtiger Schreibung. Achte darauf, ob man das Wort mit Bindestrich, getrennt oder zusammenschreibt. Nutze ein Wörterbuch, wenn du unsicher bist.

WOLKENLOS

MUNDZUMUNDBEATMUNG

ULTRAMODERN

KAFEEERSATZ

SORGENFREI

25JÄHRIGER

KLIMAANLAGE

SUPERLEICHT

MIDLIFECRISIS

FAHRKARTENSCHALTER

TOPPLATZIERUNG

5 Finde eigene Beispiele für Wörter, die mit Bindestrich, getrennt oder zusammen geschrieben werden.

War es der Koch?

○ **1** Lies den folgenden Kurzkrimi.

Ralf Kramp

Das letzte Süppchen

Der Küchenchef baute sich in voller Größe am Tisch auf, und seine Augen funkelten zu ihnen hinunter. [...] „Und was, bitteschön, soll mit der Suppe nicht in Ordnung sein?" Seine dumpf drohende Stimme ließ keinen Zweifel daran, dass Kritik an seinen Speisen bei ihm alles andere als Wohlgefallen auslöste.

„Meiner Freundin Margot ist schlecht davon geworden", sagte die faltige kleine Frau mit dünner Stimme. „Sie hat nur den halben Teller gegessen, und jetzt ist ihr übel." [...] Ihr gegenüber saß eine ebenfalls verschrumpelte Greisin mit zitterndem Doppelkinn und tupfte sich fortwährend über die zerfurchte Stirn. „Irgendwas ist da drin gewesen", krächzte sie. „Etwas, was da nicht hineingehört! Eugenie hat auch davon probiert und ist auch der Meinung, dass da was drin ist, was nicht reingehört."

Eugenie nickte so heftig, dass die große Hornbrille auf ihrer Nase wippte. „Schmeckt ganz komisch. Ganz seltsam, so ... bitter ..."

„Auch ein bisschen sauer!", maulte Margot. „Und scharf."

Hinter den dicken Brillengläsern richtete Eugenie ihre wässrigen Augen nach oben auf das Antlitz des Kochs. „Sie wollen uns doch nicht vergiften, oder?"

Der schürzte einen Moment lang die Lippen, grinste dann breit und fischte einen Löffel aus dem neben ihm auf einer Kommode stehenden Besteckkasten. Dann tauchte er ihn in die Suppe, die zur Hälfte in Margots Teller geblieben war, und führte ihn langsam zum Mund. [...]

„Und?", zeterte Eugenie. „Schmecken Sie's? Da ist irgendwas drin!"

Für einen Moment legte sich Stille über den kleinen, etwas abseits stehenden Restauranttisch. [...] Mit gefährlich schnurrender Stimme sagte er so leise, dass es keiner der anderen Gäste hören konnte: „Da ist Sellerie drin. Und Karotten. Beides in feinen Juliennestreifen. Lauch und Petersilie sind drin. Da ist auch Knochenbrühe drin und der Sud einer gebräunten Zwiebel. Lorbeerblatt, Liebstöckel und köstlicher Eierstich, und ... ja, genau, ihr habt's erraten, ihr beiden Hübschen ... ein bisschen Gift."

Auf Eugenies und Margots knittrigen Gesichtern malte sich das schiere Entsetzen ab.

„Sie meinen ..." Margot schrak zusammen. Eugenie schnappte nach Luft.

Der Koch nickte bedächtig, und ein irres Grinsen stahl sich auf sein Gesicht. „Ganz genau, Gift. In beiden Suppen. [...] Das war eure Henkersmahlzeit, Mädels, euer letztes Süppchen! [...]"

Er richtete sich langsam wieder auf und strahlte sie an. [...] Die beiden alten Damen vor ihm am Tisch zitterten am ganzen Leib. Und schließlich raunzte er: „Kleiner Scherz, Mädels. Und jetzt zieht Leine. Solche wie euch kenne ich. Wollt euch ums Bezahlen drücken, weil angeblich was mit dem Essen nicht stimmt. Los, raus mit euch! Ich will euch hier nie mehr sehen!"

Während Eugenie und Margot eine knappe Viertelstunde später kichernd und prustend in ein Taxi stiegen, wurde [...] dem Koch [...] übel. [...]

2 Beantworte folgende Fragen stichwortartig. Du kannst zuvor die Stellen mit den betreffenden Informationen im Text markieren.

a Worum geht es in dem Krimi „Das letzte Süppchen"? Was ist passiert?

b Wo spielt die Handlung?

c Gibt es ein Opfer? Wenn ja, was war die Tatwaffe?

d Welche Hinweise lassen auf Verdächtige schließen?

e Wer war der Täter/die Täterin?

3 Fülle nun mithilfe der Informationen aus Aufgabe 2 die folgende Tabelle zu den Krimimerkmalen aus. Beachte: Nicht alle Merkmale sind enthalten.

Krimimerkmale	Krimi „Das letzte Süppchen"
Tat	
Opfer	
Tatort	
Tatzeit	
Ermittler/in	
Spuren	
Tatwaffe	
Tatmotiv	
Tatverdächtige/r	
Täter/in	

4 Was bedeutet der letzte Satz? Wie könnte der Krimi ausgehen? Schreibe deine Lösung des Falls in wenigen Sätzen auf. Begründe.

Begründung:

Da stimmt doch etwas nicht!

○ **1** Lies den folgenden Krimiausschnitt und stelle Vermutungen an, was passiert sein könnte. Schreibe in dein Heft.

[...] Nachdenklich und prüfend blickte er Miranda an. „Das einzig Unrechte an unserer neuen Beziehung ist, dass du überhaupt nicht mehr mit mir sprichst", sagte er [...] „Zehn Jahre habe ich nichts anderes getan, als dir zuzuhören, und deshalb finde ich es merkwürdig, dass ich jetzt plötzlich immer allein reden muss." [...]
Er trat an sie heran. „Und jetzt verschwindest du wieder für vierundzwanzig Stunden, Liebling. Bei dieser Hitze kann ich es leider nicht riskieren, dich noch länger hier draußen zu lassen."
Als er die Arme ausbreitete, um sie hochzuheben, streifte sein Handgelenk den Griff eines Eisspicks, der aus der Mitte ihrer Brust vorstand. [...] „Wahrscheinlich sollte ich das Ding lieber herausziehen, Liebling", sagte er nachdenklich. „Aber irgendwie gibt es mir in merkwürdiger Weise Auftrieb, wenn ich es da sehe. Du warst richtig sprachlos, als du [...] erkanntest, was ich getan hatte. [...]"
Mit Mühe ließ er sie in die leere Tiefkühltruhe hinunter, bis sie auf dem Rücken lag, die Beine immer noch seltsam angezogen. [...]

26 ● **2** **EXTRA** Vervollständige den Krimi und schreibe in dein Heft. Gehe so vor:
- Mache dir anhand des Textes Notizen zu Opfer, Tatort, Tatwaffe und Täter/in.
- Überlege dir nun etwas zu Tatzeit, Ermittler/in, Spuren, Tatmotiv, Tatverdächtigen.
- Denke an den Aufbau eines Krimis (Einleitung, Hauptteil, Schluss) und eine sinnvolle Reihenfolge.

26 ● **3** **PLUS** Schreibe selbst eine Kriminalgeschichte. Die folgenden Angaben können, müssen aber nicht darin vorkommen. Schreibe in dein Heft.

Denke an:
Einleitung: Tat wird entdeckt, Ermittler/in am Tatort
Hauptteil: Suche nach den Tätern/Täterinnen
Schluss: Überführung der Täter/Täterinnen

Ausgangssituation, Verbrechen, Opfer
Junge chattet und schließt Bekanntschaft mit Gleichaltrigem im Netz – Junge verschwindet und Eltern verständigen die Polizei – älterer Mann stürzt von Autobahnbrücke

Hinweise, Motive, Tatwaffen, Spuren
Verabredung mit Chatkontakt – Junge hatte keine „realen" Freunde – Ermittler finden Abschiedsbrief von vor einem Jahr

Ermittlungen und Aufklärung
Junge war von Chatkontakt zu Treffen aufgefordert worden – Treffpunkt: Lieblingsstelle auf Autobahnbrücke – Gleichaltriger entpuppte sich als älterer Mann – Polizei findet Jungen hinter Brückenpfeiler an der Autobahn

 deutsch.kombi plus 8, S. 192/193

Es wäre schön gewesen, wenn ...

27 **1** Ordne die folgenden Sätze den Modi (Indikativ, Konjunktiv und Imperativ) zu. Notiere die dazu passende Aussageform (Möglichkeit, Aufforderung, Wirklichkeit).

a Der Detektiv sammelt die Spuren. *Indikativ/Wirklichkeit*

b Wäre die Polizei schneller vor Ort gewesen, hätte sie den Täter geschnappt.

c Versteck dich!

d Die Spurensicherung hätte sorgfältiger arbeiten sollen.

e Die Beute ist viel wert.

f Einige Zeugen haben das Verbrechen beobachtet.

g Sei vorsichtig!

27 **2** Indikativ oder Konjunktiv? Ordne die Verbformen in die Tabelle ein.

Verbform im Indikativ	Verbform im Konjunktiv
sie ermittelt,	

sie ermittelt – sie ermittle / sie suchten – sie suchen / er verhörte – er verhört /
ihr sprecht – ihr sprächt / er müsste – er muss / es geschähe – es geschieht /
ich bräuchte – ich brauche / wir sehen – wir sähen

27 **3** Bilde die Imperativformen der folgenden Verben und schreibe jeweils einen Satz.

antworten suchen herausfinden weglaufen

beobachten befragen

28 **4** Fülle die Tabelle mit den Formen der Modalverben im Präsens aus.

	sollen	müssen	dürfen	können	wollen
ich					
du					
er, sie, es					
wir					
ihr					
sie					
Sie					

28 **5** Fülle die Tabelle mit den Formen der Modalverben im Präteritum aus.

	sollen	müssen	dürfen	können	wollen
ich					
du					
er, sie, es					
wir					
ihr					
sie					
Sie					

28 **6** Setze die Modalverben im Präteritum ein.

a Ich (wollen) ______________________ es nicht glauben.

b Sie (müssen) ______________________ sehr viel lernen.

c Allmählich (können) ______________________ ich es immer besser.

d Wir (dürfen) ______________________ keine Fehler machen.

e Du (sollen) ______________________ vorsichtig sein.

f Er (müssen) ______________________ wieder ganz von vorne anfangen.

g Es (dürfen) ______________________ einfach nicht geschehen.

h Sie (sollen) ______________________ sehr gründlich arbeiten.

28 **7** Stelle Entscheidungsfragen mithilfe von Modalverben.

a ____________ Sie mir sagen, wo der Zeuge ist?

b *Möchtest* du dich lieber ausruhen?

c ____________ Sie mir den Weg zeigen?

d ____________ du immer stören!

e ____________ ich Sie mal kurz stören?

f ____________ du es mal ausprobieren?

28 **8** Formuliere jeweils einen Satz zu den Modalverben.

sollen | dürfen | müssen | mögen | wollen | können

____

____

____

____

____

____

____

____

____

____

____

____

9 Lies das folgende Zitat. Findet im Tandem ein Beispiel aus eurem Leben, das zeigt, dass es solche Situationen gibt.

Johann Wolfgang Goethe (1809)

Sollen, Wollen Können – diese Dinge gehören in aller Kunst zusammen, damit etwas gemacht werde. Häufig findet sich im Leben nur eins von diesen dreien oder zwei, als

Sollen und Wollen, aber nicht können;
Sollen und Können, aber nicht wollen;
Wollen und Können, aber nicht sollen;

das heißt,

es will einer, was er soll, aber er kann's nicht machen;
es kann einer, was er soll, aber er will's nicht;
es will und kann einer, aber er weiß nicht, was er soll.

Dicht an Dicht

○ **1** Lies das Gedicht.

Alfred Wolfenstein
Städter

Nah wie Löcher eines Siebes stehn
Fenster beieinander, drängend fassen
Häuser sich so dicht an, daß die Straßen
Grau geschwollen wie Gewürgte sehn.

Ineinander dicht hineingehakt
Sitzen in den Trams die zwei Fassaden
Leute, wo die Blicke eng ausladen
Und Begierde ineinander ragt.

Unsre Wände sind so dünn wie Haut,
Daß ein jeder teilnimmt, wenn ich weine,
Flüstern dringt hinüber wie Gegröhle:

Und wie stumm in abgeschloßner Höhle
Unberührt und ungeschaut
Steht doch jeder fern und fühlt: alleine.

In den öffentlichen Verkehrsmitteln herrscht beengende, erzwungene Nähe.

Der einzelne Mensch fühlt sich allein und isoliert.

Die Enge der Straßen und Häuser wirkt abschnürend.

In den hellhörigen Wohnungen gibt es keine Rückzugsmöglichkeit.

2 Lies die Sätze rechts neben dem Gedicht. Verbinde sie dann mit den jeweils passenden Strophen des Gedichts.

29 **3** Kreuze an, welche Themen des Expressionismus das Gedicht inhaltlich kennzeichnen. Mehrfachnennung ist möglich.

- ☐ Isolation
- ☐ Reizüberflutung
- ☐ Krieg
- ☐ Anonymität

4 Lies das Gedicht noch einmal und ergänze die geforderten Angaben.

	Strophe 1	Strophe 2	Strophe 3	Strophe 4
Anzahl der Verse				
Beispiel für einen Vergleich				
Reimschema				
verwendete Adjektive				

 deutsch.kombi plus 8, S. 214–216

5 EXTRA Kreuze an, welche Merkmale die formale und sprachliche Gestaltung des gesamten Gedichtes kennzeichnen.

Wortwahl	
☐	Verwendung von Wortfeldern zum Thema „Stadt“
☐	Verwendung von vielfältigen Wortarten
☐	Verwendung von Adjektiven, die das Beengtsein beschreiben
Stilmittel	
☐	Verwendung von mindestens drei Vergleichen
☐	durchgängige Verwendung des Kreuzreims (abab)
☐	Es sind mehr als drei Personifikationen nachweisbar.
☐	Metaphern können nicht nachgewiesen werden.
Form	
☐	einmalige Verwendung des umarmenden Reims (abba)
☐	Das Gedicht besteht aus vier Strophen
☐	Alle Strophen haben die gleiche Versanzahl.

6 PLUS Fertige für jede Strophe eine Skizze an, die deren Inhalt visualisiert. Nummeriere sie.

 deutsch.kombi plus 8, S. 214–216

I mag so Dialegte volle

1 Sieh dir die folgende Dialektkarte an und nenne den Dialekt, der in deiner Region gesprochen wird. Notiere dir bekannte typische Beispiele. Schreibe auch auf, welche benachbarten Dialekte es gibt.

mein Dialekt:

typische Wörter meines Dialekts:

angrenzende Dialekte:

2 Erkennst du die Dialekte? Ordne richtig zu.

Plattdeutsch Sächsisch Bayrisch Schwäbisch

Des wead nix Gscheids ned …

Mr muss 's nemma wie 's kommt.

Disse lütte Deern leevt in Brasilien.

Eiforbibbsch, die Dämmse is nüsch zu ertraggn.

3 Findet im Tandem Beispiele für euren Dialekt.

 deutsch.kombi plus 8, S. 226–229

4 EXTRA Die folgenden Wörter stammen aus der „Top 10 der sächsischen Wörter“. Verbinde sie mit der korrekten Übersetzung.

1 Bämme, de	= Marienkäfer
2 Dämmse, de	= großartig, pompös
3 forhohnebibln	= Brotkanten, Endstück
4 Diggnischl, de	= eingeschnappt sein
5 Modschegiebschen, 's	= Scheibe Brot, belegtes Brot
6 Ränftl, 's	= verspotten
7 Flebben, de	= Sportschuhe
8 diggschn	= Dickkopf
9 Rennsämmln, de (Plural)	= Führerschein
10 bomforzionös	= Hitze, Schwüle

5 PLUS Übersetze die Aussagen im sächsischen Dialekt ins Hochdeutsche.

Jetzt kuttln mer was und katschn ne Bämme.
a

Willschd misch forhohnebibln? Das is Beschmuh.
b

Gugge ma, die vielen Modschegiebschen!
d

Du bischt een ganz scheener Diggnischl!
c

Euja, das isch ma bomforzionös!
e

a ____

____

b ____

____

c ____

d ____

e ____

Wörter aller Art

1 Lies das Gedicht.

Georg Heym
April

Das erste Grün der Saat, von Regen feucht,
zieht weit sich hin an niedrer Hügel Flucht.
Zwei große Krähen flattern aufgescheucht
zu braunem Dorngebüsch in grüner Schlucht.

Wie auf der stillen See ein Wölkchen steht,
so ruhn die Berge in dem Blau,
auf die ein feiner Regen niedergeht,
wie Silberschleier, dünn und zitternd grau.

Georg Heym (1887–1912)

2 Suche die angegebenen Wortarten aus dem Gedicht heraus und notiere sie.

Substantive:

Präpositionen:

Adjektive:

Artikel:

Verben:

Numerale:

Pronomen:

Adverbien:

Konjunktionen:

 deutsch.kombi plus 8, S. 232/233

3 Welches Wort gehört nicht in die Zeile? Unterstreiche und bestimme die Wortart.

Wald, Himmel, morgens, Kälte, Sonnenaufgang, Blatt ______

sicher, später, unterschiedlich, gerne, höher, gelb ______

bald, meistens, zusammen, miteinander, getrennt, schon ______

können, wollen, müssen, sollen, erlauben, dürfen ______

auf, in, mit, denn, unter, über, trotz, gegen, für, hinter ______

4 Finde die Antonyme und schreibe sie auf. Schreibe jeweils eine Wortgruppe.

weit *eng – die weite und enge Kleidung*

erste ______

fein ______

still ______

feucht ______

5 Suche den Oberbegriff zu den folgenden Wörtern.

grün – gelb – grau – rot – braun ______

Krähe – Spatz – Meise – Dohle – Star ______

sieben – fünfundzwanzig – einhundert – tausend ______

Birke – Kastanie – Weide – Tanne – Erle ______

Frühling – Sommer – Herbst – Winter ______

6 Ordne die bedeutungsähnlichen Wörter zu. Schreibe jeweils eine Wortgruppe.

Abgrund | Niederschlag | beben | baumeln | Hügel | See

zittern *– beben: die zitternde Hand, die bebende Erde*

flattern ______

______

Schlucht ______

______

Regen ______

______

Berg ______

______

Meer ______

______

Wer war Georg Trakl?

30 ○ **1** Lies die folgende Kurzbiografie aus einem Autorenlexikon.

Trakl, Georg (* 03.02.1887 Salzburg/† 03.11.1914 Krakau)
Der Sohn eines wohlhabenden Eisenhändlers besuchte in Salzburg ohne Abschluss das Gymnasium und studierte nach einem Apothekerpraktikum 1908–10 in Wien Pharmazie. 1912 trat Trakl als Apotheker in den Militärdienst, ließ sich jedoch nach halbjähriger Tätigkeit am Innsbrucker Garnisonshospital in die Reserve versetzen. Anschließend lebte er in Innsbruck im Haus Ludwig von Fickers, in dessen Zeitschrift „Der Brenner" er ab 1912 Gedichte veröffentlichte; 1913 erschien der Band *Gedichte* [...]. Kurz nach Kriegsbeginn kam Trakl mit einer Sanitätsabteilung an die Ostfront (Galizien). Nach der Schlacht bei Grodek unternahm er einen Selbstmordversuch und wurde zur Beobachtung in das Militärhospital in Krakau eingeliefert; hier starb er an einer Überdosis Kokain. Posthum erschienen die Slg. *Sebastian im Traum, Gedichte* (1915) und eine erste *Gesamtausgabe seiner Dichtungen* (1919). In der Expressionismus-Anthologie *Menschheitsdämmerung* (1920) ist Trakl mit 10 Gedichten vertreten, die Prosadichtungen sind erst 1947 erschienen.
[...] Die Auflösung syntaktischer Zusammenhänge bzw. deren Vieldeutigkeit, der zumeist freirhythmische und reimlose Vers- und Strophenbau, ungewöhnliche Wortverwendungen und Bildschöpfungen verbinden Trakls Lyrik mit dem Frühexpressionismus; kennzeichnend sind Farbadjektive (weiß, silbern, golden, rot, purpurn, blau, schwarz), in denen das Erlebnis der Wirklichkeit als „infernalisches Chaos von Rhythmen und Bildern" zu lyrischer Verdichtung gelangt.

30 ◒ **2** Ordne den Aussagen und Fragen zu Georg Trakl die passende Kategorie für die Anfertigung eines Steckbriefs zu.

schriftstellerischer Beginn | Werk | Rolle im Ersten Weltkrieg | Ausbildung | Beruf | literaturgeschichtliche Einordnung | Herkunft

a ______________________________

Georg Trakl stammte aus bescheidenen Verhältnissen.
☐ richtig
☐ falsch

b ______________________________

Obwohl er keinen Gymnasialabschluss machte, studierte er Pharmazie.
☐ richtig
☐ falsch

c ______________________________

Als was war Trakl ab 1912 tätig?
☐ Schriftsteller
☐ Apotheker
☐ beides

deutsch.kombi plus 8, S. 236–241

d ______________________________

Ab wann veröffentlichte Trakl Gedichte?
- ☐ 1920
- ☐ 1902
- ☐ 1912

e ______________________________

Welche Aspekte kennzeichnen Trakls Gedichte?
- ☐ Verwendung von Farbadjektiven
- ☐ Kürze
- ☐ reimloser Vers- und Strophenaufbau
- ☐ ungewöhnliche Wortverwendungen

f ______________________________

Welcher Strömung wird Trakls Lyrik zugeordnet?
- ☐ Naturalismus
- ☐ Frühexpressionismus

g ______________________________

Wo erlebte Trakl den Ersten Weltkrieg?
- ☐ an der Ostfront mit einer Infanterieabteilung
- ☐ an der Ostfront mit einer Sanitätsabteilung

3 Ergänze die Tabelle mit Stichpunkten zu Georg Trakls Leben.

1887	
1908–1910	
1912	
1913	
1914	

4 **EXTRA** Leben und Werk eines Schriftstellers stehen oft in einem Zusammenhang. Lies das Gedicht „Grodek“ (1915) und die vermutlichen Bezüge zu Trakls Kriegserfahrungen. Formuliere mit eigenen Worten, warum ein Zusammenhang bestehen könnte.

Georg Trakl
Grodek
Am Abend tönen die herbstlichen Wälder
Von tödlichen Waffen, die goldnen Ebenen
Und blauen Seen, darüber die Sonne
Düstrer hinrollt; umfängt die Nacht
Sterbende Krieger, die wilde Klage
Ihrer zerbrochenen Münder.
Doch stille sammelt im Weidengrund
Rotes Gewölk, darin ein zürnender Gott wohnt
Das vergossne Blut sich, mondne Kühle;
Alle Straßen münden in schwarze Verwesung.
Unter goldnem Gezweig der Nacht und Sternen
Es schwankt der Schwester Schatten durch den schweigenden Hain,
Zu grüßen die Geister der Helden, die blutenden Häupter;
Und leise tönen im Rohr die dunklen Flöten des Herbstes.
O stolzere Trauer! ihr ehernen Altäre
Die heiße Flamme des Geistes nährt heute ein gewaltiger Schmerz,
Die ungebornen Enkel.

Georg Trakl (1887–1914)

29 **5** **PLUS** Lies das Gedicht von Trakl noch einmal und markiere typische expressionistische Stilmittel. Fasse zusammen, warum man Georg Trakl dem Expressionismus zurechnet.

Darf ich vorstellen: Georg Trakl

30 31 **1** Um ein Referat über Georg Trakl halten zu können, musst du die gesammelten Informationen für den Vortrag aufbereiten. Ergänze die folgende Mindmap mithilfe deiner Ergebnisse von den Seiten 64 bis 66 in deinem Heft.

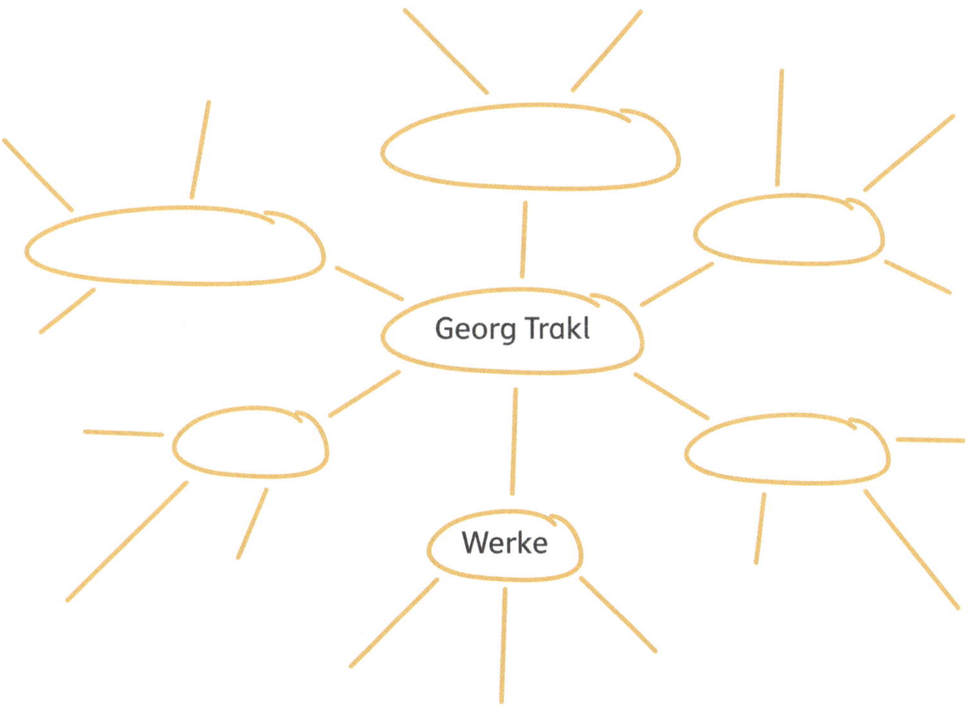

30 31 **2** Sofian hat folgende Gliederung für sein Referat aufgestellt. Prüfe die Reihenfolge der einzelnen Punkte und korrigiere sie gegebenenfalls in den Kreisfeldern.

1 *Einleitung*
2 *Herkunft/Familie*
3 *Werke*
4 *Ausbildung*
5 *schriftstellerischer Beginn*
6 *literaturgeschichtliche Einordnung*
7 *Schluss*

30 31 **3** Lies noch einmal deine Reihenfolge und notiere zu den aufeinanderfolgenden Teilpunkten jeweils einen Überleitungssatz, z. B. *Zunächst einmal …, Nun möchte ich …, Als Nächstes …, Spannend war, dass …*

30 31 **4** **EXTRA** Formuliere eine Einleitung, mit der du die Zuhörer für dein Referat über Trakl gewinnst. Denke an eine interessante Information, das Thema und die Gliederung.

30 31 **5** **PLUS** Formuliere einen Schluss, mit dem du dein Trakl-Referat abschließen kannst. Denke an deine persönliche Meinung und gib z. B. eine Buchempfehlung oder formuliere eine Frage.

Zeitformen und Zeitstufen

1 Lies die Sätze.

a Georg Trakl **ist** eine Ausnahme-Erscheinung in der Literatur des Expressionismus.

b Zum Werk des Österreichers **gehören** neben den Gedichten vier Prosatexte und kleinere Dramenfragmente.

c Es scheint, als **hätte** Trakl in den Gedichten bereits **gewusst**, wie traurig sein kurzes Leben enden wird.

d An der Front des Ersten Weltkriegs **erlitt** er einen Nervenzusammenbruch und spritzte sich mit Kokain in den Tod.

e Vor einiger Zeit **war** eine neue historisch-kritische Werkausgabe zu Georg Trakl **erschienen**.

f Der Verlag verriet: Die neue historisch-kritische Werkausgabe zu Georg Trakl **wird** einige Überraschungen und unveröffentlichte Briefe Trakls **enthalten**.

2 Trage die fett gedruckten Verbformen in die entsprechenden Spalten der Tabelle. Ergänze auch die fehlenden Formen.

Grundform	Präsens	Perfekt	Präteritum	Plusquamperfekt	Futur
sein	*ist*	*ist gewesen*	*war*	*war gewesen*	*wird sein*

32 **3** Ordne die Sätze a–f in die Zeitstufen ein und notiere die Zeitform in Klammern.

Zeitstufe Vergangenheit	
Zeitstufe Gegenwart	*a (Präsens)*
Zeitstufe Zukunft	

32 **4** Die folgenden Sätze stehen im Präsens. Schreibe die Verbformen ab und notiere die Zeitstufe, z. B.

a Georg Trakls Gedichte faszinieren auch noch kommende Lesergenerationen.

sie faszinieren → Zeitstufe Zukunft

b Trakl pendelt auf der Suche nach einem Verleger für seine Gedichte zwischen Salzburg, Wien und Innsbruck.

___

c In seinen lyrischen Texten überwiegen die Stimmung und die Farben des Herbstes, dunkle Bilder des Abends und der Nacht, des Sterbens, des Todes und des Vergehens.

___

d Schon als junger Mann schreibt Trakl lyrische Texte.

___

e Erst posthum erscheinen viele von Trakls Werken.

___

5 Ergänze den Lückentext mit den passenden Verben und in der passenden Zeitform.

gelten | erreichen | verbringen | besuchen | beenden

Georg Trakl ______ seine Kindheit und Jugendzeit in Salzburg. So ______ er dort von 1897 bis 1905 das humanistische Staatsgymnasium ______. Er ______ als schlechter Schüler. Nachdem er 1905 erneut das Klassenziel nicht ______, ______ Trakl seine Schullaufbahn.

Material rw7xu6

Ich ja, du nein

1 Lies die folgende Situation.

Schule und Job – funktioniert das?
Marie, 16, hat vor einiger Zeit angefangen, regelmäßig für einige Stunden in einem Café auszuhelfen. Ihre Eltern waren entschieden dagegen, weil sie fürchteten, dass ihre Schulnoten darunter leiden könnten. Heute hat Marie die Note „mangelhaft“ für ihre Mathematik-Arbeit bekommen. Jetzt streitet sie sich heftig mit ihrem Vater.

Diese Argumente werden während ihres Streits ausgetauscht:
- Jobs sind eine gute Möglichkeit, sein Taschengeld aufzubessern.
- Durch Jobben wird man auf das Arbeitsleben vorbereitet.
- Man hat nicht genug Zeit, die Hausaufgaben zu machen.
- Man macht neue Erfahrungen, lernt andere Lebensbereiche kennen.
- Man bekommt Stress mit Eltern, Schule oder Clique, wenn man vor lauter Jobben keine Zeit mehr hat.
- Man kann verschiedene eigene Fähigkeiten ausprobieren.
- Man ist kaum noch zu Hause.
- Für die Schule findet man keine Zeit.
- Die Schulleistungen verschlechtern sich.
- Fahrten zur Arbeit kosten Geld und Zeit.
- Man braucht das Geld, um sich Wünsche zu erfüllen.
- Man kann Geld für besondere Wünsche sparen.

Weil Marie und ihr Vater sich nicht einigen können, beschließen sie, nachzudenken und sich jeweils einen Brief zu schreiben.

2 Unterstreiche die jeweiligen Pro- und Kontra-Argumente mit verschiedenen Farben.

3 Übernimm die Tabelle und ordne die Argumente aus Aufgabe 1 richtig zu. Gewichte anschließend deine Argumente mit Punkten von 1 bis 6 (stärkstes Argument = 1).

pro	kontra	Gewichtung

4 Wähle Perspektive a oder b und schreibe mithilfe der Argumente aus Aufgabe 3 einen Brief.

a Marie möchte gern weiter im Café arbeiten. Da sie mit ihrem Vater so heftig gestritten hat, schreibt sie ihm einen Brief, in dem sie ihre Argumente noch einmal deutlich macht. Veranschauliche durch treffende Beispiele.

b Der Vater will nicht, dass Marie weiter im Café arbeitet. Er erklärt seiner Tochter in einem Brief, warum. Veranschauliche durch treffende Beispiele.

5 Überprüfe deinen Brief mit der Checkliste und überarbeite ihn gegebenenfalls.

Checkliste

Überprüfe: Einen Brief überarbeiten	ja	nein
... Ort/Datum oben rechts mit Komma gesetzt?	☐	☐
... eine Leerzeile eingefügt?	☐	☐
... die Anrede mit Komma abgeschlossen?	☐	☐
... eine weitere Leerzeile eingefügt?	☐	☐
... das Hauptanliegen beschrieben?	☐	☐
... alle Argumente benutzt?	☐	☐
... mit dem schwächsten Argument begonnen?	☐	☐
... das überzeugendste Argument am Schluss angeführt?	☐	☐
... Absätze zur besseren Übersicht eingebaut?	☐	☐
... im Schlussteil deine Meinung noch einmal deutlich geschrieben?	☐	☐
... eine Leerzeile nach dem Schlussteil eingefügt?	☐	☐
... an die Grußformel gedacht?	☐	☐
... eine weitere Leerzeile eingefügt?	☐	☐
... den Brief unterschrieben?	☐	☐
... mit einer sauberen, ordentlichen Schrift geschrieben?	☐	☐

6 Markiere die Fehler und korrigiere sie in der Randspalte.

Einen Nebenjobb auszuüben, ist zwar ____________
anstrengent, aber man verdint sich etwas ____________
dazu. Außerdem bekome ich Schule und ____________
Nebenjob gut unter einen Hut, denn ich bin ____________
ser fleißig. So leiden meine Schuleistungen ____________
auch nicht. ____________

7 Ergänze die fehlenden Kommas.

a Schüler die jünger als 13 Jahre alt sind dürfen noch keinen Nebenjob ausüben.

b Mattheo dessen Eltern einem Nebenjob zustimmten darf zwei Stunden pro Tag arbeiten.

c Lieselotte jobt im „Tierlieb“ einem kleinen Zooladen.

Material
rw7xu6

„ ... kein einziges Mal mehr ... “

1 Lies die Kurzgeschichte von Walter Helmut Fritz.

Walter Helmut Fritz

Augenblicke

Kaum stand sie vor dem Spiegel im Badezimmer, um sich herzurichten, als ihre Mutter aus dem Zimmer nebenan zu ihr hereinkam, unter dem Vorwand, sie wolle nur eben ihre Hände waschen.

Also doch! Wie immer, wie fast immer. Elsas Mund krampfte sich zusammen. Ihre Finger spannten sich. Ihre Augen wurden schmal. Ruhig bleiben!

Sie hatte darauf gewartet, dass ihre Mutter auch dieses Mal hereinkommen würde, voller Behutsamkeit, mit jener scheinbaren Zurückhaltung, die durch ihre Aufdringlichkeit die Nerven freilegte. Sie hatte – behext, entsetzt, gepeinigt – darauf gewartet, weil sie sich davor fürchtete.

– Komm, ich mach dir Platz, sagte sie zu ihrer Mutter und lächelte ihr zu.

– Nein, bleib nur hier, ich bin gleich so weit, antwortete die Mutter und lächelte.

– Aber es ist doch so eng, sagte Elsa, und ging rasch hinaus, über den Flur, in ihr Zimmer. Sie behielt einige Augenblicke länger als nötig die Klinke in der Hand, wie um die Tür mit Gewalt zuzuhalten. Sie ging auf und ab, von der Tür zum Fenster, vom Fenster zur Tür. Vorsichtig öffnete ihre Mutter. Ich bin schon fertig, sagte sie. Elsa tat, als ob ihr inzwischen etwas anderes eingefallen wäre, und machte sich an ihrem Tisch zu schaffen.

– Du kannst weitermachen, sagte die Mutter.

– Ja, gleich.

Die Mutter nahm die Verzweiflung ihrer Tochter nicht einmal als Ungeduld wahr.

Wenig später allerdings verließ Elsa das Haus, ohne ihrer Mutter adieu zu sagen. Mit der Tram fuhr sie in die Stadt, in die Gegend der Post. Dort sollte es eine Wohnungsvermittlung geben, hatte sie einmal gehört. Sie hätte zu Hause im Telefonbuch eine Adresse nachsehen können. Sie hatte nicht daran gedacht, als sie die Treppen heruntergeeilt war. In einem Geschäft für Haushaltungsgegenstände fragte sie, ob es in der Nähe nicht eine Wohnungsvermittlung gebe. Man bedauerte. Sie fragte in der Apotheke, bekam eine ungenaue Auskunft. Vielleicht im nächsten Haus. Dort läutete sie. Schilder einer Abendzeitung, einer Reisegesellschaft, einer Kohlenfirma. Sie läutete umsonst. Es war später Nachmittag, Samstag, zweiundzwanzigster Dezember.

Sie sah in eine Bar hinein. Sie sah den Menschen nach, die vorbeigingen. Sie trieb mit. Sie betrachtete die Kinoreklamen. Sie ging Stunden umher. Sie würde erst spät zurückkehren. Ihre Mutter würde zu Bett gegangen sein. Sie würde ihr nicht mehr gute Nacht zu sagen brauchen. Sie würde sich, gleich nach Weihnachten, eine Wohnung nehmen. Sie war zwanzig Jahre alt und verdiente. Kein einziges Mal würde sie sich mehr beherrschen können, wenn ihre Mutter zu ihr ins Bad kommen würde, wenn sie sich schminkte. Kein einziges Mal.

Ihre Mutter lebte seit dem Tod ihres Mannes allein. Oft empfand sie Langeweile. Sie wollte mit ihrer Tochter sprechen. Weil sich die Gelegenheit selten ergab (Elsa schützte Arbeit vor), suchte sie sie auf dem Flur zu erreichen oder wenn sie im Bad zu tun hatte.

Sie liebte Elsa. Sie verwöhnte sie. Aber sie, Elsa, würde kein einziges Mal mehr ruhig bleiben können, wenn sie wieder zu ihr ins Bad käme.

Elsa floh.

Über der Straße künstliche, blau, rot, gelb erleuchtete Sterne. Sie spürte Zuneigung zu den vielen Leuten, zwischen denen sie ging. Als sie kurz vor Mitternacht zurückkehrte, war es still in der Wohnung. Sie ging in ihr Zimmer, und es blieb still. Sie dachte daran, dass ihre Mutter alt und oft krank war. Sie kauerte sich in ihren Sessel, und sie hätte unartikuliert schreien mögen, in die Nacht mit ihrer entsetzlichen Gelassenheit.

2 Kreuze an, welche Aussagen zum Text richtig sind.

- ☐ Elsa ist zwanzig Jahre alt und muss noch bei ihrer Mutter wohnen, weil sie selbst noch kein eigenes Geld verdient.
- ☐ Wenn Elsa im Badezimmer ist, kommt ihre Mutter oft unter einem Vorwand zu ihr herein.
- ☐ Elsas Mutter lebt seit dem Tod ihres Mannes allein mit Elsa.
- ☐ Elsas Mutter liebt ihre Tochter und verwöhnt sie.

3 Beschreibe in einigen Sätzen Elsas Verhältnis zu ihrer Mutter und stelle Vermutungen über die Gründe an.

____

____

____

____

____

4 Kreuze an, welche Aussagen über die Kurzgeschichte richtig sind.

- ☐ Die Geschichte enthält keine Angaben über die Zeit und den Ort der Handlung.
- ☐ Die Geschichte enthält sehr detaillierte Beschreibungen der Handlungsräume.
- ☐ Die Geschichte ist weitgehend chronologisch erzählt, enthält aber auch vereinzelte Rückblicke.
- ☐ Die Geschichte wird von einem Er-Erzähler erzählt.

5 Unterstreiche das Subjekt rot und das Prädikat blau. Unterstreiche zudem die Adverbiale und bestimme sie.

a Sie kehrte kurz vor Mitternacht zurück. *temporal* ______________

b Ihre Augen wurden schmal. ______________

c Elsas Mund krampfte sich vor Wut zusammen. ______________

d Mit der Tram fuhr sie in die Gegend der Post. ______________

6 Ergänze die Sätze mit den angegebenen Objekten.

Akkusativobjekt	Die Mutter verwöhnt ______________
Dativobjekt	Die Verkäuferin antwortete ______________
Präpositionalobjekt	Elsa floh ______________

Material rw7xu6

Blitzlichtgewitter

1 Lies den Anfang des Jugendromans „Blitzlichtgewitter" von Christian Linker.

Christian Linker
Wenigstens

„Wir könnten ja vielleicht versuchen, Freunde zu bleiben."
Becca sah mich unverwandt an, ohne jede Scheu, offenbar ohne die leiseste Spur eines schlechten Gewissens, sie schien das tatsächlich so zu meinen, wie sie es sagte.
Freunde bleiben.
Was Blöderes konnte ich mir kaum vorstellen. Nichts wollte ich weniger, als mit ihr befreundet zu sein. Genau genommen konnte ich mir in diesem Moment überhaupt nur eines vorstellen, nämlich auszuwandern, irgendwohin, verschollen zu sein am besten, irgendwo in der Wildnis zu leben und mir auszumalen, wie sie sich mit Vorwürfen marterte, dass sie es gewesen war, die mich aus dem Land getrieben hatte. So wie Tom Sawyer, der sich mit seinen Kumpels auf dieser Insel versteckt und für tot gehalten wird. Es ist doch immer dieselbe Story, seit ewigen Zeiten, vermutlich spielte sie sich in diesem Augenblick tausendfach an irgendwelchen Orten rund um den ganzen Erdball ab. Eine wohlig schmerzende Woge von Selbstmitleid schwappte über mir zusammen. Sie drückte meine Hand und machte: „Hm?"
Stumm wie ein Fisch stand ich vor ihr. Wahrscheinlich sah ich auch genauso aus.
„Hm?", machte sie wieder. „Fabi?" Es klingelte. Nicht die Türklingel und nicht das Telefon, sondern die Schulklingel, denn die ganze miese Szene hier spielte sich mitten auf dem Schulhof ab, dem meiner Meinung nach beknacktesten aller denkbaren Orte, um mit jemandem Schluss zu machen.
„Hm?"
„Was!", fuhr ich sie an. Unwillkürlich ließ sie meine Hand los und machte einen Schritt zurück. „Vielleicht", begann sie noch einmal, „vielleicht telefonieren wir heute Nachmittag mal." Ja, wenn ich dann nicht schon im Flugzeug sitze, dachte ich, nach Neuseeland, oder in einem Shuttle zur ISS.

2 Kreuze an, welche Aussagen richtig sind.

- ☐ Becca und Fabi sind auf dem Schulhof und unterhalten sich.
- ☐ Fabi wünscht sich weit fort.
- ☐ Ein Telefon klingelt und reißt Fabi aus seinen Gedanken.
- ☐ Fabi hat mit Becca Schluss gemacht.

3 Notiere, aus welcher Perspektive erzählt wird.

____

4 Was erfährst du über die äußeren Umstände und die innere Situation des Erzählers? Markiere die Textstellen zu äußeren Umständen rot und zur inneren Situation blau.

5 Lies den Klappentext des Buches „Blitzlichtgewitter“ und überlege, inwieweit der Inhalt deine Sicht auf Fabi ändert. Notiere deine Gedanken.

Frust wegen Becca, die sich von ihm getrennt hat, ein paar Bier zu viel, ein verrückter Einfall – und Fabian zückt das Handy und macht auf einer Party Fotos von seiner Exfreundin. Richtig fiese Fotos, die es niemals geben dürfte. Schon gar nicht auf den Handys von anderen Jungs. Aber diese Einsicht kommt Fabian zu spät: Noch in der Nacht hat er die Bilder per MMS in die Runde geschickt. Bald überschlagen sich die Ereignisse: Nach einem schulweiten Handy-Verbot will keiner mehr mit ihm zu tun haben, ein Unbekannter bedroht ihn und er gerät in Verdacht, mit einem wirklich widerwärtigen Slappingfilm zu tun zu haben, der seit einer Weile in der Schule kursiert. Außerdem ist Becca auf einmal spurlos verschwunden …

6 Schreibe nun eine Charakterisierung des Erzählers. Formuliere dazu eine Einleitung, einen Hauptteil und einen Schluss. Belege deine Aussagen am Text. Verwende deine Ergebnisse aus Aufgabe 1 und 2. Schreibe auf ein extra Blatt.

7 Korrigiere die fehlerhafte Groß- und Kleinschreibung in den folgenden Sätzen.

Das anfertigen von fotos darf nur mit Der einwilligung der Fotografierten person Erfolgen.

Das fotografieren von Personen ohne deren Einverständnis ist sogar Gesetzlich verboten.

Gestern nachmittag wurde er von unbekannten bei seinem Abstecher ins grüne fotografiert.

Das schlimme dabei ist: die veröffentlichung der Fotos konnte nicht verhindert werden.

Material rw7xu6

Impfgeschichte

1 Lies den folgenden Text.

Geschichte der Schutzimpfung

Die Entdeckung der so genannten Immunität (von lat. immunitas = Freisein von) war einer der entscheidenden Fortschritte der Medizin. Sie war verbunden mit der Einführung der Impfvorsorge gegen die gefürchtete und verbreitete Pockenkrankheit im 18. Jahrhundert. Zwar war die Abschwächung der Pockenerkrankung durch die Methode der Impfung mit echten Pocken im Orient und in Westafrika bereits bekannt, jedoch kam es Berichten zufolge nach solchen Impfungen immer wieder zu heftigen Krankheitsausbrüchen.
Der englische Landarzt Edward Jenner (1749–1823) entwickelte Ende des 18. Jahrhunderts eine weniger gefährliche Impfmethode. Er hatte beobachtet, dass Landarbeiter, die sich bereits mit den harmlosen Kuhpocken infiziert hatten, häufig von den gefährlichen, meist tödlich verlaufenden Menschenpocken verschont blieben. Er schlussfolgerte daraus, dass Menschen durch eine gezielte Infektion mit Kuhpocken in Form einer Impfung gegen die Erkrankung geschützt werden könnten. 1796 führte Jenner die erste Impfung dieser Art durch und begründete somit die Methode der so genannten aktiven Immunisierung, bei der der Körper zur eigenständigen Bildung spezifischer Abwehrstoffe angeregt wird.
Der französische Chemiker Louis Pasteur (1822–1895) beschäftigte sich auf der Grundlage der von Jenner entwickelten Impfmethode mit der Verhütung von Infektionskrankheiten. 1880 gelang es ihm erstmalig, einen Impfstoff gegen Cholera bei Hühnern herzustellen. [...] Bereits ein Jahr später folgte die Entwicklung eines wirksamen Impfstoffes gegen Milzbrand.

2 Lies die folgenden Worterklärungen.

Orient, der: veraltet für Osten; vorder- und mittelasiatische Länder
spezifisch: eigen, kennzeichnend
Cholera: Infektionskrankheit
Milzbrand: Infektionskrankheit

3 Nenne die Funktion des Sachtextes über die Schutzimpfung. Begründe, indem du auf die Sprache des Textes eingehst.

4 Gliedere den Text in Sinnabschnitte und notiere abschnittweise die wichtigsten Informationen.

1. Abschnitt, Zeile ____: ______________________________

____

2. Abschnitt, Zeile ____: ______________________________

____

3. Abschnitt, Zeile ____: ______________________________

____

5 Finde zu jedem Sinnabschnitt eine Überschrift.

1. Abschnitt: ______________________________

2. Abschnitt: ______________________________

3. Abschnitt: ______________________________

6 Mit welcher Art von Schaubild könnte man den Inhalt des Textes am besten darstellen? Begründe deine Meinung.

____

____

____

7 Schreibe eine Einleitung für eine Zusammenfassung des Textes. Fasse anschließend die beiden ersten Abschnitte zusammen.

____

____

____

____

____

____

8 Lies die folgenden Begriffe und übernimm sie in richtiger Schreibung. Achte darauf, ob man das Wort mit Bindestrich, getrennt oder zusammenschreibt. Nutze ein Wörterbuch, wenn du unsicher bist.

SCHLUSSFOLGERN ______________________________

SCHUTZIMPFUNGSKAMPAGNE ______________________________

EXTREMALT ______________________________

MENSCHENPOCKENINFEKTION ______________________________

SÜDOSTASIEN ______________________________

Material rw7xu6

Ausgetrickst

1 Lies die Geschichte.

Emma Wunderlich in Nöten

Die liebe alte Dame Emma Wunderlich lebt allein und zurückgezogen in ihrem Häuschen in einer Kleinstadt in der Nähe von Berlin.

Nun sitzt Emma Wunderlich klein und hilflos vor Kriminalkommissar Hurtig und erzählt:

„Er hat meinen ganzen Schmuck gestohlen! Ich fuhr mit dem Zug in die Stadt, weil ich den Schmuck verkaufen wollte. Die Bank wird mir sonst mein Haus wegnehmen, verstehen Sie? Beim Aussteigen am Bahnhof Zoo hat mir der hilfsbereite blonde junge Mann die Tasche abgenommen. Wir hatten uns im Zug so nett unterhalten. Als ich bei dem Geschiebe und Gedränge schließlich auf dem Bahnsteig stand, habe ich keine Spur mehr von ihm entdeckt. 100 000 DM beträgt die Versicherungssumme, aber die Erinnerungen! Jetzt habe ich keinen Schmuck mehr und das Haus verliere ich auch noch! Ich weiß nicht, wie es für mich weitergehen wird."

Am späten Nachmittag ist Emma Wunderlich wieder zu Hause. Sie legt Mantel, Handschuhe und Hut ab und drückt auf den Lichtschalter. Im Sessel neben dem Kachelofen sitzt der junge Mann, der sie um ihre Tasche samt Inhalt erleichtert hat, und grinst.

„Du liebe Güte, Ferdi, wieso bist du schon hier?", fragt sie erstaunt. „Das Auto ist eben schneller als der Zug", meint ihr Neffe, „wie ist es dir in der Zwischenzeit so ergangen? Hat alles geklappt?", will er noch wissen.

„Oh, fabelhaft, alles lief nach Plan", erwidert Frau Wunderlich. „Der Kommissar war voller Mitleid. Er brachte mich sogar zum Zug und versprach, sein Möglichstes zu tun, um dich recht bald zu erwischen."

„Da wird er aber Pech haben", lachte Ferdi. „Bestimmt, bei der Personenbeschreibung, die ich ihm gegeben habe"", bestätigte die Tante.

„Na klar, mit einer armen, alten, hilflosen Frau wie dir hat doch jeder Mitleid." „Und wie! Es war unheimlich aufregend und leicht zugleich. Und jetzt kann ich den Schmuck behalten und die Versicherung ..."

„100 000 DM", fällt ihr Ferdi ins Wort, „ein Haufen Geld!"

„Mehr als genug, um die Bankschulden zu bezahlen. Die Versicherung wird sicherlich keinen Verdacht schöpfen." Mit diesen Worten öffnet Emma die Tasche und betrachtet liebevoll ihren Schmuck. „Wie schön jedes Stück doch ist!", ruft sie begeistert aus.

„Zweifellos", entgegnet Ferdi, „aber ich ziehe Bargeld vor."

„Den Sportwagen habe ich dir ja schon geschenkt", unterbricht ihn die Tante. „Du vergisst, liebes Tantchen, dass der Juwelendiebstahl und der Versicherungsschwindel meine Idee waren und damit ..."

Aber hier unterbricht ihn Emma erneut und fragt nur kurz angebunden: „Wie viel?" ...

2 Formuliere einen alternativen Titel für die Geschichte.

3 Weise nach, dass es sich um eine Kriminalgeschichte handelt, indem du die Tabelle ergänzt. Beachte: Nicht alle Merkmale können ergänzt werden.

Krimimerkmale	Kriminalgeschichte „Emma Wunderlich in Nöten“
Tat	
Opfer	
Tatverdächtige	
Täter/Täterin	
Ermittler/ Ermittlerin	
Tatmotiv	
Tatwaffe	
Tatort	
Spuren	
Tatzeit	

4 Ordne die Modi des Verbs korrekt zu und unterstreiche die Verbform.

Indikativ | Konjunktiv | Imperativ

______________ „Du liebe Güte, Ferdi, wieso bist du schon hier?“

______________ „Helfen Sie mir, meinen Schmuck zu finden!“

______________ „Und so gab ich an, man hätte mir meinen Schmuck gestohlen.“

5 Bilde mithilfe der Wortbausteine je einen Satz im Konjunktiv, Indikativ und Imperativ.

Kommissar | Fall | lösen

Indikativ ______________________________

____

Imperativ ______________________________

____

Konjunktiv ______________________________

____

Material
rw7xu6

Im Bann der Stadt

1 Lies das Gedicht.

Alfred Lichtenstein
Gesänge an Berlin

I
O du Berlin, du bunter Stein, du Biest.
Du wirfst mich mit Laternen wie mit Kletten.
Ach, wenn man nachts durch deine Lichter fließt
Den Weibern nach, den seidenen, den fetten.

So taumelnd wird man von den Augenspielen.
Den Himmel süßt der kleine Mondbonbon.
Wenn schon die Tage auf die Türme fielen
Glüht noch der Kopf, ein roter Lampion.

II
Bald muss ich dich verlassen, mein Berlin.
Muss wieder in die öden Städte ziehn.
Bald werde ich auf fernen Hügeln sitzen.
In dicke Wälder deinen Namen ritzen.

Leb wohl, Berlin, mit deinen frechen Feuern.
Lebt wohl, ihr Straßen voll von Abenteuern.
Wer hat wie ich von eurem Schmerz gewusst.
Kaschemmen, ihr, ich drück euch an die Brust.

III
In Wiesen und in frommen Winden mögen
Friedliche heitre Menschen selig gleiten.
Wir aber, morsch und längst vergiftet, lögen
Uns selbst was vor beim In-die-Himmel-Schreiten.

In fremden Städten treib ich ohne Ruder.
Hohl sind die fremden Tage und wie Kreide.
Du, mein Berlin, du Opiumrausch, du Luder.
Nur wer die Sehnsucht kennt, weiß, was ich leide.

Das lyrische Ich muss Berlin demnächst verlassen und verabschiedet sich von der Stadt.

Das lyrische Ich bringt zum Ausdruck, wie sehr es an Berlin hängt und es vermissen wird.

Das lyrische Ich beschreibt die vielen Sinneseindrücke, die die Stadt Berlin bei ihm hinterlässt.

2 Ordne den Abschnitten I–III jeweils die passende inhaltliche Aussage zu, indem du eine Verbindungslinie ziehst.

3 Wer spricht in diesem Gedicht? Benenne und beschreibe das lyrische Ich.

4 Ergänze die Angaben zum Gedicht.

Autor: ______________________

Titel: ______________________

Anzahl der Strophen: *sechs vierzeilige Strophen, die zu drei „Gesängen" verbunden sind (je zwei Strophen pro Gesang)*

Anzahl der Verse: ______________________

Reimschema: erster Gesang: *Kreuzreimschema*

dritter Gesang: ______________________

rhetorische Figuren: Metapher (z. B. Z. _____), Vergleich (z. B. Z. _____), Personifikation (Z. _____)

5 Kreuze die richtigen Aussagen an.

- ☐ Das Handlungsmuster des Gedichts spiegelt sich in der Dreigliedrigkeit: Einem „Lobgesang" im ersten Teil (Strophe 1 und 2) folgt ein „Abschiedsgesang" im zweiten Teil (Strophe 3 und 4); im dritten Teil (Strophe 5 und 6) sind Schmerz und „Sehnsucht" das Thema.
- ☐ Das lyrische Ich beschreibt, wie froh es der Abschied von Berlin stimmt.
- ☐ Das Gedicht kann dem Expressionismus zugeordnet werden. Deutlich wird dies in der Thematik (Großstadtlyrik) und der Determiniertheit des Menschen durch seine soziale Umgebung (Berlin). Das Gedicht beschreibt außerdem den Menschen in einer Krise.

6 Suche aus dem Gedicht je ein Beispiel für die gesuchte Wortart heraus und gib die Zeile an.

Substantiv	*Stein (Z. 1)*	Präpositionen	
Verb		Konjunktion	
Adjektiv		Pronomen	
Artikel		Adverb	

7 Kreuze die Wörter an, bei denen es sich um ein Homonym handelt, und erkläre sie.

☐ Bank ☐ Buche ☐ Kreide ☐ Kiefer ☐ Hahn ☐ Kurs

____

____

____

____

____

Aufgaben richtig verstehen

Beschreiben? Was soll ich denn da genau machen? Ich verstehe nicht, was ich nun antworten muss. Oder sind das mehrere Arbeitsschritte?

TIPP Markiere die Verben in den Aufgaben. Überlege, wonach genau gefragt wird. Das kannst du in der Aufgabe unterstreichen.

Arbeitsauftrag/ Aufgabe	Definitionen	AFB*
Analysiere ...	Zerlege einen Text in Einzelheiten des Inhalts und der Form. Erschließe die einzelnen Aspekte des Textes systematisch und strukturiert. Stelle die einzelnen Aspekte des Textes für sich dar und setze sie zueinander in Beziehung.	●
Beantworte ...	Nenne die Antwort zu der Frage/Aufgabe.	○
Begründe ...	Gib einen oder mehrere Gründe für deine Meinung an.	●
Belege ...	Stütze eine Aussage durch ein Zitat oder durch einen Verweis.	◒
(Be-)nenne .../ Gib ... an	Zähle Informationen auf, ohne sie zu bewerten.	○
Berichte .../ Erzähle ...	Stelle jemandem ein Erlebnis, ein Geschehen oder einen Sachverhalt sachlich dar.	◒
Berücksichtige ...	Beziehe bekannte und neue Informationen ein, wenn du Zusammenhänge herstellst.	◒
Beschreibe ...	Stelle einen Ort, einen Weg, einen Gegenstand, eine Person, einen Vorgang oder eine Situation sachlich dar. Eine Beschreibung enthält keine eigene Meinung und keine Wertung.	◒
Bestimme ...	Gib eindeutige und treffende Ursachen, Gründe oder Ziele an.	◒
Beurteile .../ Bewerte ...	Reflektiere und prüfe Textinhalte und Textgestaltungen, Sachverhalte, Aussagen, Maßnahmen, Lösungen usw. Ordne sie in ein ästhetisches und/ oder ethisches Wertesystem ein. Begründe deine Einordnung.	●
Beweise .../ Weise ... nach	Bestätige eine Aussage durch Verwenden von Schlussregeln oder stützende Argumente.	●
Diskutiere ...	Setze dich argumentativ mit einem Thema, einer Frage oder einem Problem auseinander. Eine Diskussion ist eine Variante der Erörterung. Ihre Struktur ist nicht so stark festgelegt.	●
Entnimm ...	Suche Informationen aus Texten, Grafiken usw. heraus.	○
Ergänze ...	Füge z.B. (vorgegebene) Wörter, Endungen, Satzteile oder Fragen in einen Text ein.	◒
Erkenne .../ Erfasse ...	Verstehe ein Beurteilungs- oder Bewertungsproblem und stelle es dar. Untersuche die Voraussetzungen, Zusammenhänge und Bedeutungen. Ordne das Problem dann ein.	●
Erkläre ...	Teile einer anderen Person mit, was ein Wort oder eine Aussage bedeutet.	◒
Erläutere ...	Veranschauliche einen Sachverhalt. Erkläre ihn genauer.	◒
Erstelle ...	Stelle ein Thema oder eine Aufgabe übersichtlich dar, z.B. mithilfe einer Tabelle, Mindmap, ...	◒
Fasse ... zusammen/ Skizziere ...	Gib Inhalte, Textzusammenhänge oder Texte verkürzt, strukturiert und fachsprachlich richtig wieder.	○/◒

Arbeitsauftrag/ Aufgabe	Definitionen	AFB*
Formuliere ...	Drücke ein Ergebnis, einen Standpunkt oder einen Eindruck knapp und mit eigenen Worten aus.	◒
Gestalte ...	Erarbeite einen Text inhaltlich und sprachlich (z. B. einen inneren Monolog, einen Tagebucheintrag, einen Brief usw.). Orientiere dich am Vorlagentext und arbeite eigenständig-kreativ.	●
Gib wieder ...	Fasse Inhalte in eigenen Worten strukturiert zusammen.	○
Gliedere ...	Strukturiere einen Text unter bestimmten Aspekten. Stelle ihn in gleichordnender Form und/oder unterordnend in seinen Teilen dar.	◒
Kläre ...	Suche bestimmte Positionen, Verhaltensweisen, Situationen usw. aus einem Text heraus. Hebe die wichtigsten Punkte hervor.	◒
Kommentiere ...	Erläutere und bewerte einen Sachverhalt kritisch.	●
Nenne ...	Gib Informationen aus einem Text, einer Aufgabe oder Materialien wieder.	○
Nutze ...	Verwende Informationen aus unterschiedlichen Quellen/Texten zielgerichtet.	◒
Ordne ... ein	Stelle Textauszüge nach bestimmten Kriterien in einen Gesamtzusammenhang.	○/◒
Plane ...	Erstelle ein Grundkonzept zu einem Text, einem Schema, ...	◒
Präsentiere ...	Trage Informationen zu einem Thema strukturiert und adressatengerecht vor. Nutze zur Vorbereitung verschiedene Medien.	◒
Problematisiere ...	Erfasse und benenne gegensätzliche Positionen und Wertekonflikte.	●
Prüfe ...	Betrachte eine Argumentation, eine Auffassung, ein Ergebnis usw. Untersuche seine Schlüssigkeit, seine Gültigkeit und seine Berechtigung nach bestimmten Kriterien. Bewerte sie dann.	●
Reflektiere ...	Prüfe etwas im Zusammenhang und anhand eigener oder vorgegebener Kriterien. Wäge ab und entwickle es ggf. weiter.	●
Stelle ... dar/ Lege ... dar	Gib ein Problem, eine Situation oder eine Begebenheit wieder. Umschreibe die Zusammenhänge oder die Merkmale, ohne sie zu bewerten.	○
Überarbeite ...	Prüfe Textinhalte und/oder Textformen. Mache Verbesserungsvorschläge.	◒
Unterscheide ...	Ermittle Unterschiede, Ähnlichkeiten und Gemeinsamkeiten.	◒
Untersuche ...	Stelle zu einem Text oder Gegenstand gezielt Fragen, um Erkenntnisse deutlich zu machen.	●
Verbessere .../ Korrigiere ...	Überprüfe einen Text, einen Satz oder Wörter auf Fehler. Berichtige anschließend die Fehler und schreibe die Lösung richtig auf.	●
Vergleiche ...	Untersuche zwei oder mehrere Dinge. Suche dabei Gemeinsamkeiten und Unterschiede.	◒
Visualisiere .../ Veranschauliche ...	Mache inhaltliche Zusammenhänge und Gliederungen in Bildern oder in Strukturen sichtbar.	◒
Wende ... an	Nutze eine bekannte Methode oder einen bekannten Sachverhalt, um eine Problemstellung zu lösen oder um ein Ziel zu erreichen.	◒
Werte ... aus	Gewinne Informationen aus vorgegebenen Materialien und verarbeite sie zielgerichtet.	●
Zeige .../ Zeige ... auf	Lege Sachverhalte, Textinhalte und/oder Textformen sachbezogen dar. Beschreibe und analysiere sie.	○

***Anforderungsbereich**

- ○ In diesen Aufgaben gibst du etwas bisher Erlerntes wieder. Dabei sollst du zum Beispiel Begriffe und Sachverhalte benennen und darstellen.
- ◒ In diesen Aufgaben wendest du deine Kenntnisse und Fähigkeiten selbstständig an und überträgst sie auf neue Themen und Fragestellungen.
- ● In diesen Aufgaben bearbeitest du selbstständig komplexere Themen. Dabei gelangst du zu Lösungen, Begründungen, Wertungen und Schlussfolgerungen.

Abbildungsnachweis

S. 10 Picture-Alliance, Frankfurt/M. (dpa-Zentralbild / Jan Woitas); **S. 16, 21** Schwarwel, Leipzig; **S. 32 o. li.** Alamy stock photo, Abingdon (Juice Images); **S. 32 o. re.** Alamy stock photo, Abingdon (Dmytro Zinkevych); **S. 32 u. li.** Alamy stock photo, Abingdon (Stockbroker); **S. 32 u. re.** Alamy stock photo, Abingdon (Konstantin Pelikh); **S. 33** plainpicture GmbH & Co. KG, Hamburg (Ableimages / Jutta Klee); **S. 40** imago images, Berlin; **S. 48** stock.adobe.com, Dublin (ArtFamily); **S. 52** ShutterStock.com RF, New York (Photographee.eu); **S. 54** Mantel, Michael, Barum/Tätendorf; **S. 60** Zwick, Joachim, Gießen; **S. 62** Alamy stock photo, Abingdon (The History Collection); **S. 66** ullstein bild, Berlin (Roger-Viollet); **S. 75** Alamy stock photo, Abingdon (Antonio Guillem Fernández); **S. 78** Getty Images Plus, München (E+ / PeopleImages); **S. 82** Fritz, Johanna, Stuttgart;

Textquellennachweis

S. 4 Zivilcourage. Bielefelder Busfahrer rettet Frau vor Messerstecher (hut/AFP). (20.05.2016) Unter: http://www.spiegel.de/panorama/gesellschaft/bielefeld-busfahrer-rettet-frau-vor-messerstecher-a-1093260.html (Zugriff 05.06.2018); **S. 14** Die positiven Auswirkungen der regional produzierten Bio-Lebensmittel auf die Umwelt. (13.03.2017) Unter: https://bauerntuete.de/die-positiven-auswirkungen-der-regional-produzierten-bio-lebensmittel-auf-die-umwelt/ (Zugriff 10.05.2021, gek.); **S. 16 f.** Wolfgang Borchert: Drei dunkle Könige. In: Wolfgang Borchert: Das Gesamtwerk. Hrsg. v. Michael Töteberg unter Mitarbeit v. Irmgard Schindler. Rowohlt, Reinbek 2007; **S. 21** Wolfgang Borchert: Drei dunkle Könige. In: Wolfgang Borchert: Das Gesamtwerk. Hrsg. v. Michael Töteberg unter Mitarbeit v. Irmgard Schindler. Rowohlt, Reinbek 2007; **S. 22** Wolfgang Herrndorf: Tschick. Rowohlt, Reinbek 2012, S. 23; **S. 23** Wolfgang Herrndorf: Tschick. Rowohlt, Reinbek 2012, S. 60 f.; ebenda, S. 57; ebenda, S. 238 f.; **S. 24** Wolfgang Herrndorf: Tschick. Rowohlt, Reinbek 2012, S. 164; ebenda, S. 168; ebenda, S. 156; ebenda, S. 150; ebenda, S. 153 f.; **S. 26** Wolfgang Herrndorf: Tschick. Rowohlt, Reinbek 2012, S. 7 ff.; **S. 36** Gespräche über Syrien. Aus: Süddeutsche Zeitung v. 02.11.2017, S. 7; Russischer Olympiasieger Legkow wegen Dopings lebenslang gesperrt. (01.11.2017) © dpa Deutsche Presse-Agentur; Elisabeth Krüger: Kluge Krähen. (11.02.2018) Unter: https://www.sueddeutsche.de/muenchen/weitere-briefe-kluge-kraehen-und-ein-ausgetrickster-naturschutz-1.3862225 (Zugriff 11.05.2021); André Anwar: Für die Sicherheit. In Finnland leuchten die Rentiere. (25.12.2014) Unter: http://www.haz.de/Nachrichten/Wissen/Uebersicht/In-Finnland-leuchten-die-Rentiere (Zugriff 05.06.2018, gek.); **S. 37** Wolfsnächte. Aus: Berliner Zeitung v. 30.10.2017, S. 2; **S. 38** Filmplakate mit schwarzen Darstellern. Wie Jugendliche in London gegen Rassismus kämpfen (sw). (05.03.2018) Unter: https://www.stuttgarter-zeitung.de/inhalt.filmplakate-mit-schwarzen-darstellern-wie-jugendliche-in-london-gegen-rassismus-kaempfen.15e75be5-2d05-44a1-bc77-28df3183e124.html (Zugriff 05.06.2018); **S. 40** Mark Hildebrandt: Zur Fußball-WM fällt das Public Viewing in Tettnang aus. (25.05.2018) Unter: https://www.schwaebische.de/landkreis/bodenseekreis/tettnang_artikel,-zur-fu%C3%9Fball-wm-f%C3%A4llt-das-public-viewing-in-tettnang-aus-_arid,10874804.html (Zugriff 11.06.2018, gek.); **S. 42** „Wir werden Handys mit Körperenergie betreiben". Iris Burtscher im Interview mit Martin Cooper. (21.09.2013) Unter: https://www.sn.at/panorama/medien/wir-werden-handys-mit-koerperenergie-betreiben-4449883 (Zugriff 28.05.2021, gek.); Informationstext, nach: https://www.welt.de/wirtschaft/webwelt/article120238374/Mit-diesem-Knochen-begann-die-Handy-Revolution.html; **S. 44** Anna Fresz: So sieht das Smartphone der Zukunft aus. (11.07.2015) Unter: https://www.vodafone.de/featured/smartphones-tablets/so-sieht-das-smartphone-der-zukunft-aus/ (ZUgriff 11.05.2021, gek.); **S. 44** Niels Held: Das kommt nach dem Smartphone: Diese Google-Abteilung hat das Handy längst aufgegeben. (06.06.2016) Unter: https://www.chip.de/news/Das-kommt-nach-dem-Smartphone-Die-verrueckten-Projekte-von-Google-ATAP_94853012.html (Zugriff 11.05.2021, gek.); **S. 48** Vivien Timmler: Zufriedenheit. So macht Geld doch glücklich. (26.07.2017) Unter: http://www.sueddeutsche.de/wirtschaft/zufriedenheit-so-macht-geld-doch-gluecklich-1.3603926 (Zugriff 05.06.2018, gek.); **S. 49** Arm, aber glücklich: ZDF-Dokumentation über Menschen, die mit wenig Geld zufrieden leben. (16.04.2010) Unter: https://www.presseportal.de/pm/7840/1596216 (Zugriff 10.05.2021, gek.); **S. 52** Ralf Kramp: Starker Abgang. Kriminelle Kurzgeschichten. KBV Verlags- und Mediengesellschaft mbH, Hillesheim S. 11–13; **S. 54** Richard Deming: Die zweiten Flitterwochen. In: Noch mehr Morde. Hrsg. v. Mary Hottinger, übers. v. Günter Eichel. Diogenes, Zürich 1963, S. 145; **S. 57** Goethes Gespräche. Hrsg. v. Woldemar Freiherr von Biedermann, Band 1–10, Leipzig 1889–1896; **S. 58** Alfred Wolfenstein: Städter. In: Deutsche Großstadtlyrik vom Naturalismus bis zur Gegenwart. Hrsg. v. Wolfgang Rothe. Reclam, Stuttgart 1975, S. 194; **S. 62** Georg Heym: Lesebuch. Gedichte, Prosa, Träume, Tagebücher. Hrsg. v. Heinz Rölleke. C.H. Beck, München 1987, S. 37; **S. 66** Georg Trakl: Grodek. In: Lyrik des Expressionismus. Mit Materialien, ausgew. v. Wilhelm Große. Ernst Klett, Leipzig/Stuttgart 2009, S. 153; **S. 72 f.** Walter Helmut Fritz: Umwege. Prosa. DVA, Stuttgart 1964, S. 47 ff.; **S. 74** Christian Linker: Blitzlichtgewitter. dtv, München 2008, S. 5 f.; **S. 75** Christian Linker: Blitzlichtgewitter. dtv, München 2008, Klappentext; **S. 76** Astrid Clasen: Die Geschichte der Schutzimpfung. (17.04.2019) Unter: https://www.onmeda.de/impfungen/schutzimpfung_geschichte.html (Zugriff 11.05.2021, gek.); **S. 80** Alfred Lichtenstein: Gesammelte Gedichte. Hrsg. v. Klaus Kanzog. Arche, Zürich 1962, S. 91;

Lösungen S. 3 f. Wolfgang Borchert: Drei dunkle Könige. In: Wolfgang Borchert: Das Gesamtwerk. Hrsg. v. Michael Töteberg unter Mitarbeit v. Irmgard Schindler. Rowohlt, Reinbek 2007; **S. 11** Mark Hildebrandt: Zur Fußball-WM fällt das Public Viewing in Tettnang aus. (25.05.2018) Unter: https://www.schwaebische.de/landkreis/bodenseekreis/tettnang_artikel,-zur-fu%C3%9Fball-wm-f%C3%A4llt-das-public-viewing-in-tettnang-aus-_arid,10874804.html (Zugriff 11.06.2018, gek.);

1

Eine Argumentation erarbeiten

1. Formuliere deine **Meinung** (Behauptung) kurz.
2. Suche **Argumente**, die deine Meinung begründen. Notiere sie.
3. Finde **Beispiele** (Erläuterungen) aus deiner Erfahrung und deinem Wissen, die die Argumente stützen.

2

Satzreihen

Satzreihen bestehen aus zwei (oder mehreren) **Hauptsätzen**. Sie können durch **nebenordnende Konjunktionen** verbunden werden. → Ich zögere nicht und (ich) helfe Schwächeren.
Zwischen den Hauptsätzen steht ein **Komma**, **außer** bei den Konjunktionen und sowie oder.
Nebenordnende Konjunktionen sind → und, aber, oder, doch, denn, trotzdem, …

In **Hauptsätzen** steht die **finite Verbform** an **erster** oder **zweiter** Stelle.

3

Satzgefüge

Satzgefüge bestehen aus einem **Hauptsatz** und einem oder mehreren **Nebensätzen**. Der oder die können stehen:

- **vor** dem Hauptsatz → Weil er gleich danebensteht, hilft Franz dem Mann.
- **nach** dem Hauptsatz → Franz hilft dem Mann, weil er gleich danebensteht.
- **zwischen** Hauptsatzteilen → Franz, weil er gleich danebensteht, hilft dem Mann.
  oder **zwischen** Hauptsätzen → Franz hilft dem Mann, weil er gleich danebensteht, und er stützt ihn.

Verbunden werden Haupt- und Nebensätze durch **unterordnende Konjunktionen,** vor denen **immer** ein **Komma** steht. → weil, da, damit, wenn, sodass, falls, indem, während, dass, obwohl …

4

nachgestellte nähere Erläuterung

Nähere Erläuterungen geben zu bestimmten Angaben eines Satzes **mehr Informationen**. Sie können eingeleitet werden durch z. B. → und zwar, zum Beispiel, vor allem, beispielsweise, nämlich, insbesondere, wie, also.

Sind sie **nachgestellt**, trennt man sie vom übrigen Satz durch ein **Komma** ab.
→ Ich komme zu dir, und zwar nächste Woche.

Sind sie **eingeschoben**, stehen sie zwischen **zwei Kommas.**
→ Die Nachrichten, besonders von gestern, haben mich erschreckt.

5

Apposition

Die Apposition ist eine besondere **Form des Attributs**.
Sie **bestimmt** ein **Substantiv** näher und steht im selben **Kasus** wie dieses.
Sie enthält keine Verbform.

Dativ
→ Der Richter glaubte dem Mann, einem Polizisten.

Auch Datumsangaben nach Wochentagen sind Appositionen.

Dativ
→ Am Freitag, dem 4. Oktober, rief der Polizist an.

Eine Apposition wird immer **mit Komma** vom übrigen Satz abgetrennt.
Ist sie **eingeschoben**, steht sie zwischen **zwei Kommas**.

6

Wichtige oder starke Argumente

Wichtige Argumente sind **logisch begründbar** und **leicht beweisbar**.
Sie bestehen aus einer **allgemeingültigen Feststellung** oder **Wahrheit**.
Gegen sie gibt es **kaum** überzeugende **Gegenargumente**.

7

Eine lineare Erörterung verfassen

Eine **Erörterung** (Stellungnahme) dient dazu, den **eigenen Standpunkt** zu einem strittigen Thema **überzeugend darzustellen**.

1. Kläre, an wen sich deine Stellungnahme richtet. Davon hängt ab, welche Form sie haben soll (Leserbrief, Aufruf, Blog usw.).
2. Gliedere deine Erörterung in:
   - **Einleitung**: Führe zum Thema hin, formuliere die Problemfrage und deinen Standpunkt.
   - **Hauptteil**:
     – Notiere deine Argumente und ordne sie (z. B. vom schwächsten zum stärksten Argument).
     – Formuliere die Argumente und stütze sie mit Beispielen.
     – Verknüpfe deine Argumente sprachlich miteinander.
   - **Schluss**: Fasse zusammen und äußere einen persönlichen Wunsch, eine persönliche Forderung oder Hoffnung.
3. Überprüfe abschließend die korrekte **Rechtschreibung**, den **sachlichen** Stil und die korrekte Zeitform (**Präsens**).

8

Texte korrigieren und überarbeiten

Prüfe deine Texte nach dem Schreiben immer auf sprachliche Richtigkeit, korrigiere und überarbeite sie dann.

1. **Lies** den Text **laut**. Dann fallen die „**Stolperstellen**" auf, z. B. fehlende oder überflüssige Buchstaben und Wörter. Korrigiere diese Stellen.
2. Korrigiere und überarbeite den Text jetzt in **vier Durchgängen**:
   - Prüfe die **Rechtschreibung**. Markiere falsche Wörter und korrigiere sie mithilfe der **Rechtschreibstrategien**.
   - Prüfe die **Zeichensetzung**: Satzschlusszeichen, Zeichen der direkten Rede und Kommas. Korrigiere die Zeichensetzung.
   - Prüfe die **Zeitformen** und die **grammatischen Endungen**. Markiere die Fehler und korrigiere sie.
   - Prüfe, ob **Wortwiederholungen** oder Fehler beim **Satzbau** vorhanden sind. Markiere sie. **Ersetze Wörter** und **stelle die Sätze um**.
3. Prüfe zum **Schluss**: Sind Sätze zu lang? Wurden treffende Verben und Adjektive benutzt? Sind alle Sätze logisch und verständlich? Überarbeite falls nötig.

9

Eine Textanalyse verfassen

In einer **Textanalyse** fasst du alle Informationen zu einem Text zusammen.

1. Schreibe eine **Einleitung**, nenne darin Textart, Titel, Autorin/Autor, Erscheinungsjahr sowie das Thema der Geschichte.
2. Schreibe dann den **Hauptteil**:
   - Fasse den **Inhalt** des Textes (Handlung, Figuren, Ort, Zeit) in eigenen Worten kurz zusammen.
   - Nenne **Erzählform** (z. B. Ich-Erzähler), **Darstellungsform** (z. B. Bericht) und die **Zeitgestaltung** (z. B. mit Rückblenden).
   - Charakterisiere die **Hauptfiguren** und beschreibe ihr Verhältnis zueinander.
   - Beschreibe die **sprachlichen Besonderheiten** und ihre Wirkung.
   - Nenne die **Merkmale** der Textart und weise diese am Text nach.
3. Schreibe einen **Schluss**. Formuliere die Absicht der Autorin/des Autors, nenne offene Fragen oder gib deine eigene Meinung zum Text wieder.

Beachte: Gib passende **Textbelege** an, schreibe **sachlich** und im **Präsens**.

10

Das Prädikat und seine Stellung im Satz

Prädikate können aus **einem** oder **zwei Teilen** bestehen und durch die Satzglieder Subjekt, Objekt und Adverbialbestimmungen ergänzt werden.

einteiliges Prädikat → Romeo liebt Julia.
zweiteiliges Prädikat → Romeo hat Julia geliebt. (zusammengesetzte Zeitform)
→ Romeo fährt auf Julia ab. (trennbares Verb)

Das Prädikat steht im **Zentrum** des Satzes. Es wird von einem Verb besetzt. Nach der Stellung des Prädikats kann man die Satzarten unterscheiden:

Verberstsatz: finites Verb steht an erster Stelle
- Aufforderungssatz → Bring mir bitte mein Parfum!
- Entscheidungsfrage → Hast du mein Parfum benutzt?

Verbzweitsatz: finites Verb steht an zweiter Stelle
- Aussagesatz → Ich nutze kein Parfum.
- W-Fragesatz → Warum nutzt du Parfum?

Verbletztsatz: finites Verb steht an letzter Stelle
- Nebensatz → (Frage mich bitte), bevor du mein Parfum nutzt.

11

Objekte

Das Objekt ergänzt einen Satz durch Informationen. Man unterscheidet:
Akkusativobjekte → Man fragt: Wen oder was? → Sie liebt ihren Kater.
Dativobjekte → Man fragt: Wem? → Er antwortet seiner Freundin.
Präpositionalobjekte → Man fragt mit der Präposition: Zu wem? Von wem? Wozu? Wofür? Worüber? Worauf? … → Sie bedankt sich für das Geschenk.

12

Die sprachliche Gestaltung untersuchen

Die **sprachliche Gestaltung** in einem Text unterstützt die **Absicht** des Erzählers (und damit des Autors) und soll eine bestimmte **Wirkung** hervorrufen.
Untersuche folgende sprachliche **Gestaltungsmittel** und kläre ihre **Wirkung**:

1. **Wortwahl** (häufige Wortarten, Wiederholungen, sprachliche Bilder …)
2. **Satzbau** (Satzlänge, Satzbau, direkte Rede …)
3. **Sprachebene** (Umgangssprache, Jugendsprache …)
4. **sprachliche Besonderheiten** (Übertreibungen, Tempuswechsel …)

13

Innerer Monolog

Ein **innerer Monolog** ist das **Selbstgespräch** einer Figur. Dabei gibt man **Gedanken** und **Gefühle** dieser Figur in der **Ich-Form** wieder.
Die Figur kann dabei über **Konflikte** nachdenken, sich selbst **Fragen** stellen (z. B. zu verschiedenen **Handlungsalternativen**), die **Zukunft** planen, sich kritisch mit dem **eigenen Verhalten** auseinandersetzen.

14

Regeln der Großschreibung

1. **Eigennamen** (z. B. Lebewesen, Straßen, Gebäude, Institutionen, Produkte) werden **großgeschrieben**.
   - Sind **Adjektive** oder **Präpositionen** Bestandteil des Eigennamens, werden diese **großgeschrieben** → die Schwäbische Alb, Am Parkteich
   - Auch wenn das Wort auf **-er** endet und von einem **geografischen Namen** abgeleitet ist, schreibt man es **groß** → der Hamburger Hafen
2. **Wochentage** und **Tageszeiten** werden **großgeschrieben**.→ Montag, Abend … Werden von diesen Substantiven **Adverbien auf -s** abgeleitet, werden diese **kleingeschrieben**. → montags, abends …
3. **Verben** und **Adjektive** werden zu Substantiven und **großgeschrieben**, wenn sie **Begleiter** wie Artikel, Adjektive, Präpositionen oder Pronomen besitzen. → beim Beobachten, das Lernen, sein Lachen …
4. **Präpositionen**, **Konjunktionen**, **Adjektive** usw. werden z. B. in festen Wendungen **großgeschrieben**, wenn ein **Begleiter** davorsteht. → das Hin und Her

15

Aktiv und Passiv

Ereignisse und Vorgänge können aus **verschiedenen Perspektiven** beschrieben werden.

- Beim **Aktiv** steht der **Handelnde** im Vordergrund. → Der Uhrmacher wechselt die Batterie der Uhr.
- Beim **Passiv** stehen **Handlungen** oder **Vorgänge** im Vordergrund. → Die Batterie der Uhr wird gewechselt.
  Das **Passiv** wird mithilfe der Personalformen von **werden** und dem **Partizip II** des Verbs gebildet. → Die Batterie wird gewechselt.

Das Indefinitpronomen „man“

Das Indefinitpronomen **man** ersetzt eine Person. Man kann damit **Aktivsätze** bilden und so komplizierte Passivkonstruktionen vermeiden.
→ Zuerst reinigt man die Haut und dann entfernt man die Haare.

16

Textsorten in Zeitungen

In Zeitungen wird in **verschiedenen Textsorten** von Ereignissen berichtet.
Man unterscheidet:

- **informierende Textsorten** → Meldung, Nachricht, Bericht, …
- **meinungsäußernde Textsorten** → Kommentar, Rezension, Leserbrief, …

Beachte: Es kommen auch **Mischformen** vor. → Reportage, Interview, …

17

Einen Leserbrief schreiben

Wenn du zu einem **Artikel** in einer Zeitung deine **Meinung** sagen möchtest, dann schreibe einen **Leserbrief**. Du kannst so vorgehen:

1. Lies den Zeitungsartikel noch einmal genau durch. Mache dir **Notizen** zum **Thema**, zu deinem **Standpunkt** und deinen **Argumenten**.
2. Schreibe eine **Anrede**.
3. Nenne den **Anlass** deines Briefes, z. B. den Artikel, auf den du dich beziehst.
4. Stelle deine **Meinung** dar und **begründe** sie.
5. Formuliere am **Schluss** Fragen, Wünsche oder Vorschläge.
6. Unterschreibe mit deinem **Namen**. Gib deine **Adresse** an.

18

Einen Kommentar schreiben

Gliedere deinen Kommentar in drei Teile:

1. **Einstieg**: Beschreibe kurz den **Sachverhalt**, auf den du eingehen möchtest. Beantworte darin die Fragen: Worum geht es? Was will ich als Verfasser/in erreichen? Wie wecke ich das Interesse der Leser?
2. **Hauptteil**: Gib deine **Meinung** wieder und begründe sie mithilfe von **Argumenten**. Widerlege Gegenargumente.
3. **Schlussfolgerung**: Ziehe eine klare und deutliche **Schlussfolgerung**, die die Leser zum Nachdenken anregt.

Beachte: Schreibe deinen **Namen** unter den Kommentar.

19

Eine Reportage schreiben

Vorbereitung

1. **Recherchiere** Informationen und lege eine **Stoffsammlung** an.
2. Führe **Interviews** und sammle **Eindrücke, Gedanken, Gefühle** und **Stimmungen**. Mache dir Notizen.

Schreiben

1. Notiere eine treffende **Überschrift** und **einen Vorspann**.
2. **Einleitung**: Überrasche mit einer kurzen und lebendigen Beschreibung einer **Situation** oder **Momentaufnahme**.
3. **Hauptteil**: Stelle das **Geschehen** dar. Ergänze **Hintergrundinformationen**, stelle ein bis zwei **Hauptpersonen** in den Mittelpunkt und lasse sie zu Wort kommen, beschreibe deine **Gedanken, Gefühle** und **Stimmungen**. Achte darauf, **spannend** zu erzählen.
4. Schluss: **Fasse zusammen** und/oder gib einen **Ausblick** in die Zukunft.

Beachte: Schreibe **anschaulich** und bildhaft. Verwende das **Präsens**.

20

Die indirekte Rede

Mit der **indirekten Rede** gibt man wieder, was jemand gesagt hat.
Die gebeugte Verbform steht meist im **Konjunktiv I**. → Sergej sagt, er wisse nichts davon.
Wenn sich der Konjunktiv I nicht vom Indikativ Präsens unterscheidet (wir wissen – wir wissen), dann wird als Ersatzform der **Konjunktiv II** verwendet. → Sergej sagt, sie wüssten nichts davon.

21

Frageformen

In einem Interview stellt man der Partnerin oder dem Partner Fragen. Man kann dafür verschiedene Formen wählen:

- **Entscheidungsfragen** (geschlossene Fragen) → Haben Sie Kinder?
  Man erhält als Antwort „Ja“ oder „Nein“.
  Wenn man **eindeutige Antworten** benötigt, zum Beispiel für Umfragen, formuliert man Entscheidungsfragen.
- **Ergänzungsfragen** (offene Fragen) → Was wünschen Sie sich für die Zukunft?
  Man erhält **ausführlichere** Antworten. → Jeder auf der Welt sollte einen freien Zugang zum Internet haben.
  Wenn man von seinem Interviewpartner **möglichst viel erfahren** möchte, sollte man **Ergänzungsfragen** stellen.

aus **deutsch.kombi plus 8 (Schülerbuch)** Kapitel 7, Seite 147

22

Ein Interview vorbereiten und durchführen

Vorbereitung

1. Lege das **Thema** und die **Person**, die befragt werden soll, fest.
2. Überlege, was du über das Thema **wissen willst** und was daran **interessant** ist.
3. Wähle **Themenbereiche** und formuliere **Fragen** dazu. Nutze Karteikarten.
4. Bringe die Fragen in eine sinnvolle **Reihenfolge**.

Durchführung

1. **Stelle dich** zu Beginn des Interviews **vor** und nenne das **Thema**.
2. Stelle deine **Fragen** und notiere dir **Stichworte zu den Antworten**.
3. **Bedanke dich** bei deiner Partnerin oder deinem Partner.

aus **deutsch.kombi plus 8 (Schülerbuch)** Kapitel 7, Seite 149

23

Abkürzungen und Kurzwörter

Abkürzungen sind Kurzformen, die in der Regel nicht gesprochen, sondern **nur geschrieben** werden. → Jh. (gesprochen: Jahrhundert)

- Nach Abkürzungen steht meist ein Punkt. → z. B., vgl., usw., u. a.
- Kein Punkt steht bei Abkürzungen für Maßeinheiten, Himmelsrichtungen und Währungseinheiten. → min, s, km, N, USD (United States Dollars)
- Steht eine Abkürzung am Ende eines Aussagesatzes, ist der Abkürzungspunkt zugleich der Satzschlusspunkt.

Kurzwörter werden **auch** in der **gesprochenen Sprache** verwendet.
→ Uni, Kripo, Bus

- Bei Kurzwörtern setzt man meist keinen Punkt.
- Im Plural erhalten Kurzwörter oft die Endung *s*, auch wenn die vollständige Form den Plural nicht auf -s bildet. → die Unis – die Universitäten
- Kurzwörter, die auf *s* oder *z* enden, sind im Plural ohne Endung. → die SMS

24

Funktionen von Sachtexten erkennen

In einem Sachtext kann eine Autorin oder ein Autor verschiedene **Aussageabsichten** vermitteln. Es können drei Grundformen der Kommunikation gewählt werden:

- **Informieren**: Fakten nennen, Sachverhalte beschreiben, Zusammenhänge erklären → Lexikonartikel, Bericht …
- **Argumentieren**: Stellung zu einem Thema beziehen, durch Pro- und/oder Kontra-Argumente begründen → Kommentar, Leserbrief …
- **Appellieren**: für etwas werben, zu einer bestimmten Verhaltensweise oder Handlung auffordern → Werbung, Spendenaufruf …

Beachte: Häufig haben Sachtexte **mehrere Funktionen gleichzeitig**, z. B. informieren und appellieren sie.

25

Eine Sachtextbeschreibung verfassen

1. Schreibe eine **Einleitung**. Informiere über Autorin/Autor, Titel, Thema, Textsorte und die Quelle des Textes.
2. Verfasse den **Hauptteil**.
   - Fasse den Inhalt des Textes abschnittweise zusammen.
   - Nenne die Kernaussage des Textes.
   - Formuliere die Meinung und Absicht der Autorin/des Autors und nenne die Argumente.
   - Erläutere die verwendeten sprachlichen Mittel.
3. Schreibe einen **Schluss**. Beurteile den Text, stelle weitere Fragen, notiere deine eigene Meinung zum Thema und begründe sie.

aus **deutsch.kombi plus 8 (Schülerbuch)** Kapitel 8, Seite 181

26

Einen Krimi mithilfe eines Schreibplans schreiben

Ein Schreibplan hilft dir, den **Handlungsablauf** deines Krimis in der richtigen **Reihenfolge** zu schreiben.

Gliederung	Zeit	Ort	Handlung
Einleitung (Tat wird entdeckt)	...	...	...
Hauptteil (Suche nach der Täterin/dem Täter)	...	...	...
Schluss (die Täterin/der Täter wird überführt)	...	...	...

Beachte auch, dass dein Krimi alle typischen **Krimimerkmale** enthält.

aus **deutsch.kombi plus 8 (Schülerbuch)** Kapitel 9, Seite 193

27

Modi des Verbs

Mit dem Modus kann man ausdrücken, wie man etwas sieht oder betrachtet:
Mit dem **Indikativ** wird etwas als **tatsächlich** oder **wirklich** dargestellt.
→ Er überführt den Täter.
Den **Konjunktiv II** verwendet man, wenn man etwas als **nicht wirklich**, als **möglich** oder **wünschenswert** darstellen möchte. → Der Richter würde ihm eine zweite Chance geben.
Mit dem **Imperativ fordert** man zu etwas **auf**. → Sichere die Spuren!

28

Modalverben

Die Modalverben **können, dürfen, wollen, mögen, sollen, müssen** verändern die **Aussage eines Satzes**. Sie zeigen an, ob etwas

- als Fähigkeit oder Möglichkeit → können
- als Erlaubnis → dürfen
- als Absicht → wollen
- als Wunsch → mögen
- als Forderung → sollen
- als Verpflichtung oder Zwang → müssen

verstanden werden soll.

29

Der Expressionismus

Der **Expressionismus** (lat. „expressio" = Ausdruck) ist eine Epoche (ca. 1905–1925) der **Ausdruckskunst**, in der Künstlerinnen und Künstler ihr **inneres Erleben** in oft **drastischen Ausdrucksformen** dargestellt haben. Sie reagierten damit auf eine sich schnell verändernde und als **bedrohlich empfundene Welt**. Zu den wichtigsten **Themen** zählen die **Großstadt** und die moderne Technik sowie **Krieg** und Tod.
Die auffällige, ausdrucksstarke **Sprache** ist durch oft verstörende **Bilder** (Metaphern, Vergleiche), Wortneuschöpfungen und **Missachtung sprachlicher Regeln** gekennzeichnet.

aus **deutsch.kombi plus 8 (Schülerbuch)** Kapitel 10, Seite 213

30

Ein Referat vorbereiten

1. Lege dein **Thema** fest und **sammle** ausreichend **Informationen** dazu.
2. **Ordne** deine Informationen in einer **Mindmap**.
3. **Gliedere** dein Referat in **Einleitung**, **Hauptteil** und **Schluss**.
4. Finde für die **Einleitung** einen interessanten **Einstieg** in das Thema. Stelle **Thema** und **Gliederung** vor.
5. Gliedere den **Hauptteil** nach den Teilthemen in deiner Mindmap und notiere zu allen Teilthemen **Informationen in Stichworten**. Formuliere **Überleitungen** zwischen den Teilthemen.
6. Ergänze am **Schluss** eine kurze **Zusammenfassung**, formuliere eine eigene **Meinung**, **Empfehlung** oder eine **Fragestellung** zur Diskussion.
7. Entscheide dich für eine **Präsentationsform** und bereite das Material dafür vor.
8. Ergänze dein Referat durch **Bild- und Tonmaterial**.

aus **deutsch.kombi plus 8 (Schülerbuch)** Kapitel 11, Seite 241

31

Ein Referat halten

1. Bereite dich auf das Referat mit **Aufwärmübungen** vor.
2. **Übe** dein Referat. Trage es vor Freunden, deinen Eltern oder dem Spiegel vor.
3. Trage dein Referat **vor der Klasse** vor:
   - Atme ruhig und stelle dich entspannt und aufrecht hin. Stehe fest auf dem Boden.
   - Versuche möglichst frei zu sprechen. Halte Blickkontakt.
   - Sprich langsam, laut und deutlich. Mache Pausen.
4. **Beantworte** nach deinem Referat die **Rückfragen** der Zuhörenden.

aus **deutsch.kombi plus 8 (Schülerbuch)** Kapitel 11, Seite 243

32

Das Präsens

Die Zeitform (das Tempus) **Präsens** kann für die drei Zeitstufen **Gegenwart**, **Vergangenheit** und **Zukunft** verwendet werden.
Zeitstufe **Gegenwart**: Es wird ausgedrückt, **was gerade geschieht**.
→ Ich lese gerade ein Gedicht von Mascha Kaléko.
Zeitstufe **Vergangenheit**: Es wird gesagt, **was früher geschah**.
→ Mascha Kaléko zieht 1960 nach Jerusalem.
Zeitstufe **Zukunft**: Es wird beschrieben, **was zukünftig geschehen wird**.
→ Die Gedichte begeistern sicher auch morgen noch viele Menschen.
Mit dem **Präsens** drückt man auch aus, **was immer gilt**.
→ Mascha Kaléko ist bekannt.

aus deutsch.kombi plus 8 (Sch...